전쟁과 혁명의 시대

선명한 세계사 2

2 전쟁과 혁명의 시대

댄 존스 · 마리나 아마랄 지음 | 김지혜 옮김

선명한 세계사

윌북

1910s 전쟁과 혁명

1920s 광란의 20년대

1930s 전쟁으로 가는 길

1940s 파괴와 구원

1950s 변화의 시대

서문

16 세기 초 레오나르도 다빈치는 원근법에 관한 짤막한 글 몇 줄을 노트에 적었다. 그에 따르면, 대상이 시야에서 멀어질 때 세 가지 일이 일어난다. 크기가 점점 작아지고, 형태가 흐릿해지며, 색깔마저 알아볼 수 없게 된다.

다빈치의 설명은 그림에 대한 것이지만, 사진에도 그대로 적용된다. 그리고 역사에 대한 비유로 생각할 수도 있다. 지금 우리가 보는 것처럼 세계는 원래 생생하고 선명하고 컬러풀하며 '리얼'하다. 그렇지만 현재 우리에게 과거는 결코 생생하고 다채로운 색으로 기억되지 않는다. 1839년 다게레오타이프(은판사진)가 상용화된 이후 사진은 역사를 기록하는 한 부분이 되었지만, 처음 한 세기 동안은 거의 흑백 매체였다. 그래서 과거 풍경은 불완전하고 희미해진 채로 우리에게 남겨졌다. 사도 바울이 했던 말을 바꾸어 인용해보면, "우리는 렌즈 너머 어스름한 역사를 본다".

이 책은 빛바랜 세계에 제 빛을 찾아주려는 시도이자 컬러로 보는 역사다. 1850년부터 1960년까지 촬영된 200장의 사진이 이 책에 실려 있다. 본래는 모두 흑백사진이었지만 디지털 작업으로 색을 복원했고, 덕분에 우리는 본 적 없는 역사의 중요한 순간을 새롭게 볼 기회를 얻었다.

이 책에 수록된 사진 한 장 한 장은 그 자체로 흥미롭다. 사진들은 한데 모여 책이 되었고, 사진마다 덧붙인 설명과 함께 다음 사진으로 자연스럽게 넘어가면서 이야기를 만들어낸다. 그 이야기는 우리를 크림전쟁에서 냉전으로, 증기기관의 시대에서 우주 시대로 인도한다. 또한 우리 이야기는 제국 시대에서 시작해 초강대국들의 시대로 끝을 맺는다. 거장과 폭군, 살인자와 희생자, 천재와 발명가와 마침내 세계의 파괴자가 될 사람들까지 모두 다룬다.

사진의 출처는 다양하다. 어떤 사진은 유리판, 콜로디온, 달걀흰자, 질산은을 활용하여 장시간 노출의 복잡한 공정을 거친 알부민 인화법으로 만들어졌다. 그런가 하면 중형 카메라나 35밀리 카메라로 촬영한 사진도 있다. 개인적으로 보고 즐기기 위해 촬영한 사진이 있는가 하면, 우편엽서로 만들기 위해 촬영한 사진, 대중잡지에 싣기 위해 촬영한 사진도 있다. 어떤 사진은 놀랄 만큼 선명하고 어떤 사진에는 피할 수 없는 세월의 흔적이 남기도 했다. 이 사진들을 모두 보존 처리하고 디지털화해서 현대적인 사진 아카이브에서 접할 수 있게 되었고, 이제는 해상도 높은 사진을 다운로드할 수도 있다.

물론 이 역사적인 사진들에 색을 입히기 전에 먼저 해야 할 일이 있다.

예컨대 어느 병사의 사진이 있다고 해보자. 사진에 등장하는 군복, 훈장, 리본, 계급장, 군장, 피부, 눈동자, 머리칼 등등에 색을 입히려 한다면 가급적 서로 다른 시각 자료와 문서 자료로 세세한 사실들을 일일이 검증해야 한다. 다채로운 회색 음영만으로 본래 색을 알아낼 수는 없기 때문이다. 이럴 때 해야 할 일은 역사가라면 다 알고 잘하는 일, 바로 자료를 파고 파고 또 파는 것이다.

사진에 색을 입히려면 가급적 많은 정보를 입수해야 한다. 색을 입히는 작업을 화폭이 아닌 컴퓨터 스크린에서 한다고는 하지만 사진의 세세한 부분들을 일일이 수작업으로 처리해야 한다. 이 작업에 공식 같은 것은 없다. 도구가 디지털로 바뀌었더라도 화가의 기본 기술은 레오나르도 다빈치 시절과 조금도 달라지지 않았다. 천천히 색을 덧칠하고, 층층으로 색을 내고, 분위기를 포착해 되살려내야 하는데, 중요한 것은 사진과 일치하는 분위기여야 한다는 점이다. 빛이 중요하다. 물론 질감도 중요하다. 작은 세부 사항 하나하나가 더할 수 없이 중요하고 인내심이 필요한 작업이다. 사진 한 장에 색을 입히는 데 한 시간이 걸릴 수도 있고 한 달이 걸릴 수도 있다. 게다가 작업을 마친 후에도 이런저런 이유로 결과가 만족스럽지 못한 때도 있다. 혹은 완전히 잘못되어 보일 수도 있다. 그러면 사진을 들고 아카이브를 다시 찾아야 한다.

이 책은 2년에 걸친 협업의 결과물이다. 수록할 사진들을 고르면서 우리는 시야를 넓혀 여러 대륙과 문화를 고루 아우르고, 익히 알려진 것과 잊힌 것을 고루 담아내려고 노력했다. 죽은 이들에게 경의를 표하고 그들의 시대를 정당하게 다루려고 노력했다. 우리는 거의 1만 장이나 되는 사진을 살펴보았다. 고심을 거듭했고 수없이 마음을 바꿨다. 1만 장의 선택지 가운데 9800장은 제외될 것을 알면서도 가능한 한 더 많은 사진을 담아내려고 노력했다.

1만 장 가운데 고작 200장이라는 비율만 보더라도 이 책이 결코 포괄적인 역사서가 아니라는 것은 자명하다. 그런데 애초에 포괄적인 역사라는 것이 가능하기는 한 걸까? 담아낸 사진보다 지워버린 사진이 더 많은 것은 사실이다. 그렇더라도 이 책이 기념비적인 변화의 시대에 세계를 보는 새로운 방식이 되기를 바란다. 이 모든 작업은 우리에게 특권이자 즐거움이었다. 독자 여러분에게도 이 책을 읽는 일이 즐거움이 되기를 바란다.

댄 존스 & 마리나 아마랄

전쟁과 혁명

우리는 죽은 자들이다.
바로 며칠 전 우리는 살아서 여명을 느꼈고
황혼의 빛나는 태양을 보았으며 사랑하고 사랑받았다.
그리고 지금 우리는 플랑드르의 전장에 누워 있다.

존 매크레이, 「플랑드르 들판에서」, 1915년

어니스트

브룩스 소위는 호화로운 환경 속에서 사진 찍는 법을 배웠다. 청년 시절 첫 카메라를 구입한 후 그는 유럽 공주들의 결혼식을 촬영하고 영국 왕실의 수행원으로 남아프리카와 인도를 여행하며 영국 왕들이 호랑이를 사냥하는 모습을 사진에 담았다. 그는 버킹엄궁 가까이에 런던 스튜디오를 마련하고 왕실 공식 사진가를 자처했다.

그런데 이제 그 모두가 사라지고 없는 세계였다. 1916년 11월, 프랑스 북부 솜강 근처 보몽 하멜에서 브룩스는 포탄에 휩쓸려 진창이 된 참호에 서서 부패해 뼈가 드러난 독일 병사의 시신을 카메라에 담고 있었다. 인류가 만들어낸 가장 끔찍한 전투에서 100만 명 가까운 사람이 그렇게 죽었다.

1916년 4개월 반 동안 솜 계곡은 곡사포와 지뢰의 포성, 하늘을 가르는 전투기 굉음, 45밀리미터 굵기 철조망을 두른 전선을 돌파하기 위해 푹푹 빠지는 진창을 구르는 탱크가 내는 소리로 지축이 흔들렸다. 공기 속에는 비 냄새와 함께 눈에 보이지 않는 포스겐(독가스)이 뿜어내는 건초향 비슷한 냄새가 짙게 배어 있었다. 첫날(7월 1일) 전투에서만 연합군에서 6만 명 넘게 사상자가 나왔다. 젊은 병사들은 총검을 빼들고 기관총 탄환이 빗발치는 가운데 죽음을 향해 내달렸다. 솜에서 전투를 벌인 한 영국인 장교는 이렇게 썼다. 시체들이 "2미터 가까이 쌓여…… 펼쳐졌다. 그 시절 나는 햇볕에 따뜻하게 데워진 사람의 혈액에서 풍기는 역겨운 냄새가 영원히 코끝에 머물 것만 같았다."

웨일스 시인 데이비드 존스는 「괄호 안」이라는 서정적인 시에서 전쟁의 공포를 다시 떠올리며 솜에서 보병으로 복무했던 경험을 이렇게 묘사했다. "죽음이라는 달콤한 자매가 오늘 타락에 빠졌다. 매춘부의 뻔뻔함으로 이 고지대를 누비고 다닌다. 욕망을 감추려는 기색도 없이 온몸을 드러내며 내게 추파를 던진다." 존스는 그 전쟁에 시로 대응했던 수많은 전투병 가운데 하나였다(윌프레드 오언과 시그프리드 서순도 시를 썼다). 존스는 또한 솜 전장의 경험에서 비롯된 트라우마가 너무 컸던 탓에 반복적으로 끔찍한 신경쇠약을 겪은 많은 사람들 가운데 하나이기도 했다. 존스는 21세기라면 외상후스트레스증후군(PTSD)이라고 진단받았을 신경쇠약을 수없이 겪었다.

하지만 솜전투는 피로 얼룩진 수많은 전투 가운데 하나에 불과했다. 대전쟁, 즉 제1차 세계대전의 작전과 전투들이 이후 몇 해 동안 되풀이되었다. 마른전투와 베르됭전투, 타넨베르크전투와 이프루전투, 갈리폴리 해전과 유틀란트해전, 춘계 공세와 100일 공세 등이다. 20세기 군사기술에 19세기 군사전략으로 대응한 전쟁 때문에 유럽, 아프리카, 중동이 거꾸러졌다. 한 세대를 무덤으로 보낸 끔찍한 조합이었다.

아마도 제1차 세계대전의 참호에 제공된 발명품 가운데 카메라만큼 유익하거나 유용한 것은 없을 것이다. 영국군 최초 공식 사진사였던 브룩스 소위는 다르다넬스와 서부전선에서 복무하는 동안 4000장이 넘는 사진을 촬영했다. 그는 손가방에 넣을 수 있을 만큼 작은 경량 카메라 괴르츠 안쉬츠를 들고 유례를 찾을 수 없는 규모로 저질러진 비인간적 행위에 관한 도록을 만들었다. 브룩스는 전쟁 사진을 연출하는 것에 단호히 반대했다. 그리고 그의 그런 태도 덕분에 H. G. 웰스가 '전쟁을 끝낼 전쟁'이라고 잘못 이름 붙인 무력 충돌을 생생히 기록한 증거 자료는 한층 더 두려운 것이 되었다.

3국 협상(혹은 연합국)과 동맹국의 파국적 충돌은 1914년에 시작되어 1919년과 1920년 사이, 심각한 결함을 지닌 일련의 휴전협정과 평화조약으로 종결될 때까지 1910년대를 지배했다. 그러나 1910년대는 또한 플랑드르와 동프로이센의 킬링필드 너머 극지를 탐험하고, 대서양 여객선이 운항을 시작하고, 미술, 음악, 무용에서 도발적인 실험이 펼쳐진 시기이기도 했다. 중국, 멕시코, 러시아에서는 혁명이 일어나고, 의학에서는 전염병 창궐로 심각한 질문들이 새롭게 던져진 시대이기도 했다. 전쟁, 질병, 정복, 죽음이 마치 묵시록의 기사들처럼 지축을 흔들며 다가오는 듯했다. 참호 바닥에 나뒹구는 유골은 단지 시작에 불과했다.

1913

3월 그리스 요르요스 1세가 암살되었다.

5월 이고리 스트라빈스키의 모더니즘 발레 〈봄의 제전〉이 파리에서 초연되어 청중들로부터 야유를 받았다.

6월 여성 참정권 운동가 에밀리 데이비슨이 엡섬 더비 경마장에서 왕의 말에 몸을 던졌다가 말에 밟혀 사망했다.

1911

5월 포르피리오 디아스가 멕시코를 떠나 프랑스로 망명했다.

10월 2살 푸이가 황제에 즉위하자 중국 전역에서 폭력 사태가 촉발되었고 다음 해 중화민국이 선포되었다.

1910

1월 뉴욕 메트로폴리탄 오페라하우스에서 제작된 첫 라디오 방송이 송출되었다.

5월 영국 국왕 에드워드 7세가 사망하고 아들 조지 5세가 국왕에 즉위했다.

11월 장기 집권 중이던 멕시코 대통령 포르피리오 디아스가 재선을 위해 부정선거를 저지르자 멕시코에서 혁명전쟁이 시작되었다.

1912

1월 남극점에 도달한 로버트 팰컨 스콧과 동료들은 로알아문센보다 늦게 도착한 사실을 발견하고 기지로 귀환하던 중 조난을 당해 굶주림으로 사망했다.

4월 타이타닉호가 유빙과 충돌해 침몰했고 1000명 넘는 승객과 선원이 사망했다.

8월 중국의 민족주의 정당 국민당이 창당되었다.

1914

2월 찰리 채플린의 첫 영화가 개봉되어 그의 캐릭터 '리틀 트램프'가 소개되었다.

6월 사라예보에서 프란츠 페르디난트 대공이 피살되면서 국제적인 전시체제가 시작되었고, 제1차 세계대전으로 이어졌다.

9월 '마른전투'와 '바다로의 경주Race to the Sea' 전투로 플랑드르와 프랑스에 서부전선이 형성되었다.

1915

2월 D. W. 그리피스의 혁신적인 영화 〈국가의 탄생〉이 개봉되었고 노골적인 인종주의로 KKK단의 부활을 자극했다.

4월 다르다넬스해협에서 갈리폴리 작전이 시작되어 연합군의 참패와 철수로 마무리되었다.

5월 독일 유보트가 영국 여객선 루시타니아호를 격침시켰다.

8월 차르 니콜라이 2세가 동부전선에서 러시아군을 직접 지휘하기 시작했다.

1917

2월 치머만 전보로 멕시코를 독려해 미국을 침공하려던 독일의 시도가 폭로되었다.

4월 미국이 영국과 프랑스 편에 서서 제1차 세계대전에 참전했다.

10월 러시아에서 볼셰비키 혁명이 일어나 로마노프가의 제정이 완전히 붕괴하고 사회주의국가가 건설되었다.

11월 벨푸어 선언으로 영국은 팔레스타인에 '유대 민족의 민족적 고향'을 건설하는 것에 '호의적'이라고 공포했다.

1919

1월 파리평화회의가 개시되었고 베르사유조약을 필두로 제1차 세계대전에서 독일이 저지른 만행을 무겁게 처벌했다.

1월 연방 금주령을 시작으로 미국에서 금주법이 인준되었다.

1916

4월 더블린에서 발생한 부활절 민족주의 봉기가 영국군에게 진압되었다.

5월 유틀란트해전이 시작되었고 군함 250척이 참가했다.

5월 비밀리에 체결된 사이크스·피코협정으로 중동지역이 영국과 프랑스의 지배권으로 분할되었다.

7월 솜전투가 시작되었으며 하루 전투로 6만 명 넘는 사상자가 나왔다.

12월 왕의 신비스런 총신 그리고리 라스푸틴이 상트페테르부르크에서 피살되었다.

1918

3월 캔자스에서 최초로 '스페인독감'이 확진되어 전 세계적 유행을 예고했다.

4월 1급 전투기 조종사 만프레트 폰 리히토펜, 일명 붉은 남작이 전투 중 사망했다.

11월 독일군 지도부가 휴전협정에 조인함으로써 제1차 세계대전이 종결되었고 카이저 빌헬름 2세가 폐위되었다.

멕시코혁명

1870년대 이후 왕년의 전쟁 영웅 포르피리오 디아스가 멕시코 정부를 장악했다. 그의 대통령 재임 기간은 '포르피리아토'라는 이름으로 알려진 독재 정권기였다. 그는 부패와 억압, 포크배럴(지역구의 선심성 사업을 위해 정부 예산을 남용하는 행위) 정치의 대가로 근대화와 국가의 부를 달성했다. 그러나 1910년에 디아스는 노인이었고 멕시코는 새로운 정치 지도력을 모색하고 있었다. 그가 80세에 뻔히 보이는 부정선거로 임기를 늘리려고 하자 멕시코에서 혁명과 내전이 발생했다.

가장 유명한 혁명가 가운데 한 사람은 게릴라군 수장 프란시스코 '판초' 비야였다. 1914년 1월에 촬영된 이 사진에는 비야와 오랫동안 동고동락한 아내 도냐 루스 코랄이 함께했다. 비야는 북부 치와와주에서 디아스에 맞선 투쟁에 가담했고 곧바로 타고난 지도력과 죽음을 피해 가는 예사롭지 않은 능력을 과시했다. 1912년에 비야는 그를 총살하기 위해 늘어서서 사격하던 처형자들을 피해 달아난 적이 있다.

탁월한 강도이자 열정적인 바람둥이였으며 카리스마 넘치는 도적이자 자유의 투사였던 비야는 의도적으로 할리우드 뉴스 영화 회사와 만났고 그의 무훈을 다룬 무성영화 판권을 팔았다. 그러나 1916년에 미국과 비야의 관계는 쓰디쓴 시험대에 올랐다. 비야가 뉴멕시코를 침공했고 1년 넘게 5000명에 이르는 미군의 강력한 추격을 피해 다녔기 때문이다.

1917년 새 헌법이 공포되면서 멕시코혁명은 대체로 해결되었으나 다음 해 혁명 지도자들의 대학살이 일어났다. 판초 비야는 1923년 7월에 암살되었다. 지역 은행에서 탁송했던 금을 찾은 후 파랄에서 차를 타고 가던 중 총격으로 사망했다.

중국혁명

중국에서는 또 다른 혁명이 진행되고 있었다. 문서 몇 장과 참수된 머리 몇 개로 2000년간 지속된 황제 통치가 최후를 맞았다.

1908년 광서제가 37세에 독살로 추정되는 원인으로 갑자기 세상을 떠났다. 그의 죽음의 배후에는 중국의 실질적 지배자였던 병든 서태후가 있었던 것으로 보이는데 서태후 자신도 다음 날 세상을 떠났다. 임종 직전에 서태후는 2살 된 푸이를 후계자로 지목했고 그는 청 왕조의 12번째 황제로 즉위했지만 곧 마지막 황제라는 사실이 드러났다.

푸이는 통치할 처지가 아니었기 때문에 즉위 후 3년 동안 그의 왕국은 잇따른 혁명적 봉기에 휘둘렸다. 1911년 10월에 남부 도시 우창에서 발생한 봉기가 그 시작이었다. 이 사진은 한바탕 혁명의 소용돌이가 휩쓴 뒤 참수된 채 거리에 누운 죄수들을 보여준다. 1912년에 이르면 황제 통치를 종식하라는 요구를 피할 수 없었다. 2월에 측근들은 퇴위를 선포하라고 푸이를 설득했다.

이론상 중국은 공화국이 되었다. 그러나 현실의 중국은 공화주의자, 민족주의자, 황제 지지자, 공산주의자, 군벌들의 힘겨루기로 수십 년간 혼란 속으로 빠져들었다.

이 와중에 퇴위한 어린 황제의 안전을 보장한 것은 '대청 황제 퇴위 후 우대에 관한 조항'이라는 문서였다. 남은 생애 동안 푸이는 권력의 노리개가 되었다. 1917년에 잠시 황제로 복위했고 1932년부터 1945년 사이에 일본은 그를 만주국의 꼭두각시 통치자로 앉혔다. 중국의 마지막 황제는 1967년 병원에서 생을 마감했다.

3년 동안 황제로서 형편없는 쇼를 한 후,
또다시 나는 퇴위라는 형편없는 쇼를 했다…….

푸이, 『황제에서 시민으로』, 1964년

테라노바

우리가 살아남았다면,
모든 영국인의 마음을 울릴 내 동료들의 강인함, 인고,
용기에 관한 이야기를 들려주었을 텐데.
분명 이 노트와 우리 시신이 그 이야기를 들려줄 것이다…….
로버트 팰컨 스콧의 마지막 일기, 1912년 3월 29일

지구상에서 가장 무시무시한 대륙인 남극은 로버트 팰컨 스콧 대장의 테라노바호 원정대의 목적지였다. 이들은 1910년 6월에 장교, 선원, 과학자로 구성된 강인한 대원 65명과 함께 웨일스 카디프항을 출발했다. 탐험가들은 거의 100년 동안 남극대륙의 얼음 사막을 찾아왔다. 스콧 자신도 1901년에서 1904년 사이 디스커버리호에 승선해 어니스트 섀클턴을 포함한 동료들과 함께 그곳을 여행한 적이 있다. 그러나 남극점에 도달한 사람은 없었다. 스콧은 남극점에 도달한 최초의 사람이 되기로 결심했다.

스콧 일행은 1911년 1월 4일에 맥머도만 케이프에번스에 도착했다. 상륙 직후 탐험 사진가 허버트 폰팅이 이 사진을 촬영했다. 빙하 내부에 형성된 동굴 건너편에 서 있는 지질학자 토머스 그리피스 테일러와 기상학자 찰스 라이트를 바라본 사진이다(두 사람 뒤로 테라노바호가 정박해 있다). 이 사진은 1700개가 넘는 유리 원판 가운데 하나에서 인화한 것으로 폰팅은 1912년 3월 영국으로 출발하기 전에 기금 모금 행사를 위해 이 사진들을 촬영했고, 이 사진들 덕분에 스콧은 돌아와서 인기 강연자가 될 수도 있었을 것이다.

그러나 폰팅과 테라노바호가 출발할 때 어디에서도 스콧의 모습은 찾아볼 수 없었다. 스콧과 네 동료는 1월 17일에 남극점에 도달했고 이미 한 달 전에 노르웨이 탐험가 로알 아문센이 그곳을 다녀갔다는 사실을 발견했다. 귀환 도중 스콧과 동료들은 모두 얼음 속에서 굶주림과 동상으로 사망했다. 그리고 그해 동토의 황무지에서 사망한 사람은 그들만이 아니었다.

타이타닉호

1912년 4월 10일 사우샘프턴항을 출발해 뉴욕으로 가던 대서양 횡단 여객선 타이타닉호는 높이 53미터에 길이 269미터로 갑판 9개를 갖추고 평균 항속 21노트를 자랑하는, 당시 세계 최대 선박이었다.

일주일이 채 지나지 않아 그 배는 해저에 가라앉았다. 타이타닉호가 뉴펀들랜드 남쪽 수백 킬로미터 지점에서 빙하와 충돌해 표면에 커다란 구멍이 생긴 것으로 기록된 시각은 오후 11시 40분이었다.

승객 1316명과 1000명 가까운 승무원들을 태우기에는 구명정이 턱없이 부족했다. 빙하와 충돌한 지 3시간 만에 타이타닉호는 침몰했다. 조난 신호에 응답한 카르파티아호가 705명을 구출했지만 나머지 탑승자들은 대부분 익사했다.

이 사진에 등장하는 신문팔이 소년 네드 파펫은 타이타닉호를 건조하고 운영한 화이트 스타 라인 해운회사 런던 사무실 밖에서 《이브닝 뉴스》를 팔고 있다. 이 회사는 타이타닉호의 침몰에 대한 두 차례 공식 조사에서 과실을 면제받았다. 두 번 모두에게 유빙이 있는 바다에서 너무 빠른 속도로 항해한 선장 에드워드 스미스에게 사고책임을 돌렸다. 그러나 스미스와 달리 타이타닉호에서 생존한 화이트 스타 라인사의 사장 J. 브루스 이스메이는 대중의 조롱거리가 되었다.

한편, 파펫은 이후 6년 반을 더 살았을 뿐이다. 그는 타이타닉호 사고를 별것 아닌 것으로 만들어버린 제1차 세계대전에 참전했다가 1918년 가을 프랑스에서 산화했다.

최후의 심판대 앞에 모여든
고귀한 여성과 용감한 남성들이
불필요하게 희생되었습니다.

상원의원 윌리엄 앨든 스미스, 1912년

봄의 제전

세상을 충격에 빠트린 것은 침몰선만이 아니었다. 1913년 5월 29일 파리 샹젤리제 극장에서 초연된 모더니즘 발레 〈봄의 제전〉은 극장을 찾은 정통파 관객들의 분노를 자극했다. 음악은 이고리 스트라빈스키가 작곡했고, 안무는 위대한 무용가 바츨라프 니진스키가 담당했으며, 공연은 세르게이 디아길레프의 발레뤼스가 맡았다. 그들이 함께 작업한 작품은 러시아 전통 민속의식과 민속음악에 영향을 받은 것이었다. 그러나 이 사진에 등장하는 무대의상에서도 알 수 있듯이 현대적인 전위예술의 영향도 받은 작품이었다. 전위예술은 당시 미술, 음악, 문학에서 새롭게 부상하던 유파로서, 난해하고 혼란스러운 불협화음을 추구했다.

〈봄의 제전〉 초연은 그야말로 재난이었다. 당황한 관객들이 처음에는 웃었고 그다음엔 야유를 보냈으며 마지막엔 오케스트라를 향해 물건을 집어 던졌다. 관객들의 항의를 누그러트리기 위해 극장 조명이 켜졌고 공연은 마무리되었다. 언론은 혹평을 쏟아냈다. "방문국의 예절도 관습도 제대로 알지 못하는 러시아인들은 프랑스인들이 항의한다는 건 이미 어리석음이 극에 달했음을 의미한다는 사실을 알지 못했다"라고 《르 피가로》는 결론지었다.

〈봄의 제전〉은 한 주 더 공연되었고 런던으로 옮겨 짧은 기간만 공연되었다. 그 후 몇 해 동안 외면당했고 안무를 바꾼 다음에야 다시 공연될 수 있었다. 니진스키의 스텝은 잊었다가 1980년대가 되어서야 복원되었다.

우리가 리허설 100번과 1년간의 고된 작업 끝에
얻은 것이라고는 그게 전부였다……
나는 파리에서 깜짝 놀랐고 파리는 혼란에 빠졌다.

이고리 스트라빈스키, 1913년

서프러제트

여성들의 참정권 혹은 투표권 요구는 1912년부터 1914년 사이에 점점 더 전투적인 색채를 띠었다. 특히 영국과 미국에서 평화적이었던 시위와 정치조직이 폭력적인 저항운동으로 치달았다. 방화, 폭탄 위협, 유리창 깨기, 전신선 절단부터 미술작품 난도질에 이르기까지 공공시설 파괴가 이어졌다.

이 가운데 가장 극적인 일은 1913년 6월 4일 영국 엡섬 경마장에서 발생했다. 그날 하이라이트인 더비 경주가 진행되는 도중에 여성사회정치동맹(WSPU, 일명 서프러제트) 소속 에밀리 데이비슨이 번개처럼 지나가는 조지 5세의 말 앤머에게 깃발을 꽂으려고 뛰어들었다. 그러나 데이비슨은 깃발을 꽂지 못한 채 말에 밟혀 4일 뒤 사망했다.

이 사진은 데이비슨의 동료 서프러제트 에멀라인 팽크허스트가 1914년 5월 버킹엄궁으로 행진하다가 체포되는 모습이다. 팽크허스트는 프랜시스 해리 롤프 경감에게 체포되어 "버킹엄궁 문 앞에서 체포되었다! 국왕에게 고하라!"라고 소리치며 홀러웨이 교도소로 끌려갔다.

감옥은 팽크허스트와 동료 서프러제트들에게 익숙한 곳이었다. 많은 논란을 일으킨 일명 '고양이와 쥐' 법(1913)에 따라 많은 이들이 여러 차례 투옥되었다. 이 법은 수감된 여성들이 영양실조로 허약해지면 석방했다가 충분히 원기를 회복하면 다시 수감하는 방식으로 단식투쟁을 억눌렀다.

그러나 체포 직후 팽크허스트와 여성사회정치동맹은 정부와 휴전에 합의하고 공격 행위를 중단했다. 전 국가적 전쟁이 시작되고 있었으며 세계는 영원히 변화하게 될 것이었다.

깨진 유리 한 장으로 시작하는 주장이
현대 정치에서 가장 가치 있는 주장이다.

에멀라인 팽크허스트, 「여성에게 투표권을」, 1912년 2월 23일

프란츠 페르디난트 대공

전 유럽의 등불이 꺼지려고 한다.
우리 생애에서 다시는 그 등불이 켜진 것을 보지 못할 것이다.
영국 외무장관 에드워드 그레이 경, 1914년 8월 3일

프란츠 페르디난트 대공은 오스트리아 황태자로 고귀한 혈통과 전통적 취향을 지닌 인물이었다. 고귀한 합스부르크가 혈통으로 어린 시절에 육군 장교가 되었고, 1896년에는 황태자가 되었으며, 오스트리아·헝가리 이중제국의 후계자로 내정되어 있었다. 중요한 위치에 있었지만, 그에게는 아직 유럽 전역을 여행할 시간이 허락되었다. 그래서 그는 크게 집착하는 두 가지 일, 즉 골동품 수집과 야생동물 사냥에 몰두할 수 있었다.

프란츠 페르디난트 대공이 한 일 가운데 정말로 관습에서 벗어난 일은 공주가 아니라 공주의 시녀 조피 초테크와 결혼한 일이었다. 1914년 6월 28일 일요일 늦은 아침에 오스트리아가 점령한 보스니아 헤르체고비나의 수도 사라예보 거리에서 피격되어 쓰러지지 않았다면 아마도 프란츠 페르디난트와 조피 초테크 부부는 역사의 지면에서 그리 중요한 존재가 되지 않았을 것이다. 암살자는 보스니아의 세르비아계 민족주의자 학생 가브릴로 프린치프였다. 그의 총격은 세계가 한 번도 경험한 적 없는 끔찍한 전쟁의 시작이라는 예기치 않은 결과를 낳았다.

페르디난트 대공의 죽음에 이은 일련의 사건들은 유럽의 평화를 유지하기 위해 고안된 19세기 동맹 체제의 실패를 여실히 보여주는 구체적인 사례였다. 오스트리아·헝가리제국이 황태자의 암살에 대한 보복으로 세르비아를 침공하자 세르비아의 슬라브 동맹국인 러시아가 군대를 동원했다. 오스트리아·헝가리제국의 동맹국인 독일이 러시아에 전쟁을 선포하자 러시아의 동맹국인 프랑스도 군대를 동원했다. 독일은 프랑스에 전쟁을 선포했고 중립국인 벨기에를 거쳐 침공했다. 영국은 벨기에의 명예를 지키기 위해 전쟁에 가담했고 1914년 8월 초가 되자 유럽 전체가 전쟁을 치르고 있었다. 몇 해 사이에 오스만제국, 일본, 미국도 참전했다. 훗날 제1차 세계대전으로 알려진 '대전쟁'이 시작되었다.

서부전선

제1차 세계대전의 초기 싸움은 아프리카에서 여러 식민지에 주둔한 유럽 강대국 군대들 사이에 발생했다. 그러나 가장 악명 높은 갈등의 무대는 1914년 9월 영국군과 프랑스군이 독일군을 저지하기 위해 포진했던 이른바 '서부전선'에서 펼쳐졌다. 양측은 플랑드르 북해 연안에 위치한 오스탕드 인근부터 바젤 부근 프랑스와 스위스 접경지역까지 방대하고 굽이진 참호를 수백 킬로미터 팠다.

서부전선 참호에서 생활하는 일은 제1차 세계대전을 특징짓는 고난이었다. 철조망, 모래주머니, 기관총 포좌로 이루어진 방어벽은 축축하고 차가운 진흙 구덩이였다. 전염병이 만연하고 늘 더럽고 축축한 발에는 '참호 발'이라는 궤양이 끊이지 않는 참혹한 일상이 계속되었다. 독가스, 곡사포, 공중폭격 같은 신무기와 새로운 전술이 참호 생활에 잔혹함을 더했다. 게다가 양측은 정기적으로 공격을 개시했고 병사들에게는 참호 '위로' 올라 빗발치는 기관총 세례 속으로 뛰어들라는 명령이 내려졌다. 교착상태를 돌파하려는 전략적 시도에서 비롯된 거대한 전투들, 예컨대 베르됭전투(1916), 솜전투(1916), 파스샹달전투(1917)는 참사 수준의 인명 손실로 이어지기 일쑤였다.

이 영국 중사의 사진은 1917년 초 플랑드르 플루흐스테이르트 숲의 참호에서 촬영되었다. 이 무렵 이곳은 이미 최악의 전투가 지나간 덕에 병사들이 작전에 다시 투입되기 전에 휴식을 취하고 회복하는 장소로 사용되었다.

시간이 없어 시신을 참호 벽에 묻을 수밖에 없었습니다.
그 때문에 참호가 무너지면 끝없이 유골을 보게 됩니다…….

길버트 윌리엄스 사병이 집으로 보낸 편지, 1916년

인도군

수단과 보어전쟁에서 공을 세운 키치너 경은 총사령관이 되어 20세기 첫 10년을 인도군 개혁에 바쳤다. 제1차 세계대전이 발발했을 때 100만 명 넘는 인도군이 전선에 배치되어 대영제국을 지원할 준비를 마친 상태였다.

인도군은 가깝게는 아프가니스탄과 버마 근처 국경지대 순찰을 맡았다. 그러나 제1차 세계대전에서 인도 병사 대부분은 지구 끝까지 흩어져 있었다. 가장 많은 수가 오스만제국으로부터 유전과 해상운송을 보호하기 위해 메소포타미아, 팔레스타인, 시나이 일대에 배치되었다.

10만 명 넘는 인도 병사들이 플랑드르와 프랑스에 파병되어 서부전선에서 싸웠다(여기 사진에 등장하는 제129 코노트 공작 직속 발루치족 보병연대 소속 4명은 1914년 10월 메시느전투 중에 방어벽에 배치되었다). 다른 원정군들은 동아프리카와 갈리폴리의 불운한 작전에 투입되었다.

1911년 이후 인도 병사들도 영국 국왕을 위해 복무한 용사들에게 수여되는 최고 영예인 빅토리아 십자훈장을 받을 자격을 얻었다. 전쟁 중에 인도군 소속 군인들에게 훈장이 10여 개 수여되었다. 제1차 이프르전투에서 기관총을 담당하다 부상을 당했음에도 주변 병사들이 모두 사망할 때까지 독일군 대열을 향해 총을 발사했던 세포이(일병에 해당한다) 보병 쿠다다드 칸 민하스가 첫 훈장을 받았다.

이것은 전쟁이 아니라 세계의 종말이다.
『마하라바타』에서 말하는 바로 그 전쟁이다…….

익명의 인도 세포이 병사가 병상에서 적은 글, 1915년

붉은 남작

영광스러운 죽음을 위하여!
마지막 피 한 방울, 마지막 기름 한 방울이 남을 때까지,
심장 박동이 멈출 때까지,
그리고 모터의 회전이 멈출 때까지 싸우고 비행하라.
그것이 바로 기사의 죽음이다.

만프레트 폰 리히토펜의 건배사, 1915년 12월

제1차 세계대전이 발발했을 때만 해도 전투에서 항공기가 큰 역할을 하리라고는 아무도 기대하지 않았다. 항공기는 신기술이기도 했고 국제법에서 항공기의 무기 발사를 금지하고 있었기 때문이다. 그러나 전쟁이 선포되고 몇 주 만에 조종사들은 전쟁의 향방에 영향을 끼치기 시작했다. 그들은 정찰비행으로 군대의 이동에 대한 중요한 정보를 제공했다.

1915년 7월 독일은 프로펠러 사이로 발사할 수 있는 기관총으로 무장한 1인승 전투기 포커 아인데커를 개발해 출격시켰다. 2개월 뒤 영국군도 그에 맞설 전투기를 내놓았고 1916년 1월에는 프랑스군 역시 전투기를 갖췄다.

항공기에는 조종사가 필요했고, 프로이센 귀족 출신 기병대 정찰 장교로 1915년에 독일 비행대로 자리를 옮긴 만프레트 폰 리히토펜은 가장 유명한 인물이었다. 공인된 것만 적군 전투기 80대를 격추해 그 전쟁에서 가장 성공적인 에이스 조종사가 된 데다 귀족 혈통을 지녔다는 점과 진홍색 포커 Dr.1의 치밀한 조종술 덕분에 그는 '붉은 남작'이라는 별명을 얻었다. 리히토펜은 또한 당시 독일 최고 군사 훈장인 푸르 르 메리트를 수여받았다.

붉은 남작의 모습을 담은 이 특별한 연초점 우편엽서는 독일 사진가 니콜라 페르샤이트가 촬영한 것이다. 이 사진이 촬영되고 얼마 지나지 않아 리히토펜은 새로 창설된 영국 공군 소속 캐나다인 조종사 두 사람과 솜강 위에서 벌인 치열한 공중전에서 가슴에 관통상을 입었다. 그는 비행기를 착륙시켰고, '패했다(kaputt)'는 단어가 포함된 한마디를 중얼거린 후 숨을 거뒀다.

동양에서의 전쟁

발트해부터 흑해까지 수백 킬로미터 뻗은 동부유럽 전선에도 서부전선에 설치된 것과 똑같은 참호가 만들어졌다. 동맹국(독일, 불가리아, 오스트리아·헝가리제국, 오스만제국) 군대는 이 전선 너머 루마니아와 연합국 군대, 러시아제국 군대와 전투를 벌이고 있었다.

동아시아에서 일본 역시 전쟁에 참여했다. 그들은 1914년에 전쟁에 뛰어들었고 독일이 점령하고 있던 중국 칭다오항을 공격함으로써 영국을 지원했다. 이 사진은 간혹 동부전선을 보여주는 것으로 여겨지지만 실은 칭다오 부근에서 촬영되었을 가능성이 높다. 사진에는 독일 보병들이 해안가 요새에서 벌어진 치열한 전투에 쓰기 위해 대포를 파내는 모습이 담겨 있다.

그들이 회수하려는 포는 옆에 있는 포탄 상자에 새겨진 글로 미루어 보아, 28센티미터 구경 곡사포 L/10으로 짐작된다. 이 무기는 1890년대에 독일의 무기 제조업자 크루프가 개발한 것으로 1905년 러일전쟁에 배치되어 선박 공격과 항구 포격에 모두 효과적이라는 것을 입증했다. 기중기로 옮겨야 할 만큼 육중했던 이 곡사포는 200킬로그램이 넘는 포탄을 8킬로미터가량 떨어진 곳까지 발사할 수 있었다. 그렇지만 이 곡사포가 제1차 세계대전에서 사용된 가장 강력한 화기는 아니었다. 독일군의 거대한 '파리 대포'는 사거리가 190킬로미터에 이르렀고 일명 '디케 베르타(영어로는 빅 버사)' 곡사포는 800킬로그램이 넘는 포탄을 발사했다.

비가 억수같이 쏟아지고 있었다.
근처에서는 이미 포탄이 터지고 있었다.
난민들이 사방으로 뛰고 차를 몰았다……
비명과 소음과 울음이 뒤섞여 아수라장이었다.
러시아 병사 바실리 미슈닌의 포격 경험, 1915년

갈리폴리

서부전선의 교착상태에 더해 오스만제국의 공격에 대한 러시아의 우려가 맞물리면서 연합군은 1915년 튀르키예를 침공해 다르다넬스해협을 장악한다는 작전 계획을 수립했다. 이 좁은 해로는 갈리폴리 반도 남쪽으로 이어지는데, 선박들은 이 해협을 지나야 지중해와 흑해로 운항할 수 있었고 이곳을 통해야 오스만제국의 수도 콘스탄티노플에 대한 접근을 통제할 수 있었다. 그러므로 주요 전략 지점인 다르다넬스해협을 장악한다면 크게 유리해지는 셈이었다.

1915년 2월에 해군 제독 윈스턴 처칠의 명령으로 영국군과 프랑스군 함선으로 구성된 대규모 함대가 다르다넬스해협에 접근했다. 그들은 포격과 오스만제국의 기뢰 공격에 시달리다 결국 귀환해야만 했다. 그런데도 4월 25일 육상 공격이 시작되었고 결국 연합군 50만 명이 동원되었다. 사진에 등장하는 사람들을 포함해 대부분이 오스트레일리아와 뉴질랜드 군단, 즉 ANZAC에서 차출되었다.

그러나 해상 공격과 마찬가지로 갈리폴리 육상 침공도 엄청난 희생을 치르고 실패한 작전이었다. 철수 결정이 내려지기 전 연합군의 사상자 비율이 50퍼센트를 넘었고 오스만제국도 25만 명 가까운 사상자를 냈다. 영국에서는 이 참사로 인해 내각이 실각할 위기에 처했다(처칠은 제독에서 강등되어 장관직을 사임했다). 그러나 오스만제국은 중요한 승리를 거둔 것을 기념했다. 승자의 특권은 이제 막 시작된 튀르키예 민족주의 운동에 도움을 주었고 결국 무스타파 케말 아타튀르크가 집권했다. 그는 1923년에 튀르키예공화국의 첫 지도자가 되었다.

제군들이여, 나는 그대들에게
공격을 명령하는 것이 아니라 죽음을 명령하는 것이다.
갈리폴리에서 무스타파 케말 아타튀르크 대령, 1915년

바다의 전쟁

끔찍한 섬광과 충격과 함께 나는 막다른 골목에 다다랐다……
내 눈에는 물과 먼지가 가득했다……
꽤 뜨거웠고 우리가 호되게 당하고 있다는 것을 깨달았다.
험프리 T. 월윈 대위가 묘사한 전함 워스파이트호 출정 전투, 1916년 5월 31일

이 사진 속 거센 풍랑에 휘말린 전함 오데이셔스호는 유령선이었다. 오데이셔스호는 1910년에 발주된 킹 조지 5세급 드레드노트 전함 4척 가운데 하나였다. 이 전함은 중화기를 장착하고 수천 킬로미터를 항해하기에 충분한 연료를 적재할 수 있다고 알려졌다.

1913년 10월에 취역했고 다음 해 제1차 세계대전 발발로 독일제국 해군에 대적할 수 있게 재정비되었다. 불행히도 오데이셔스호는 오래가지 못한 채 1914년 10월 아일랜드 해안에서 독일군 기뢰에 격침되었다. 그리고 영국 해군 본부와 언론은 사기 저하를 우려해 전쟁이 끝날 때까지 오데이셔스호의 격침 사실을 알리지 않았다.

그러나 오데이셔스호가 해저에 가라앉아 있는 동안 다른 전함들은 전투 작전을 지원했고, 1916년 5월 31일부터 6월 1일 사이 36시간 넘게 덴마크 북해 연안에서 벌어진 유틀란트해전에서 가장 눈부시게 활약했다.

유틀란트해전에는 역사상 가장 많은 전함이 동원되었다. 총 250척이 참전했고 그 가운데 25척이 침몰했다. 승자를 가름하기는 어려웠다. 부제독 라인하르트 셰어 휘하의 독일 외양 함대는 존 젤리코 제독이 지휘하는 영국 해군 대함대보다 상대에게 더 큰 손실을 입혔다. 그러나 영국 해군이 월등한 규모 덕분에 독일에 대한 봉쇄를 유지하고 최악의 공격에도 살아남는 능력을 입증함으로써 상대적으로 더 나은 것처럼 보였다.

전쟁 속 여성

제1차 세계대전의 거대 전함들은 전쟁이라는 목적을 위한 산업 경제의 산물이었다. 그리고 전쟁으로 인해 남성 수백만 명이 노동 현장에서 빠져나가 포화가 쏟아지는 전선으로 향한 탓에 여성들은 전통적으로 남성들의 몫이었던 일을 새로 맡게 되었다. 무기, 탄약, 선박, 항공기, 기차를 만드는 일이었다. 여성들은 농장 노동자로 일하고 우편물을 배달하고 특수경찰로 복무하고 전화교환수로 배치되고 아이들을 가르치고 사무를 보았다.

1916년경에 촬영된 이 여성들은 잉글랜드 타인사이드에 위치한 엘스윅 군수공장에서 일했다. 이곳은 세계 최대 무기 제조사인 암스트롱 휘트워스의 본사였다. 이 중요한 작업은 위험할 수도 있었다. 폭발물을 다루는 일은 노동자들의 건강에도 심각한 영향을 주었다. 폭발 사고 같은 가시적인 위험에 더해, TNT 같은 화합물은 노동자들의 피부에 황색 얼룩을 남기고 만성적으로 노출될 경우 간 손상을 일으킬 수도 있었다. 하지만 전시 체제에서 여성들의 공헌에 비례해 전후 여성 참정권 운동이 강화되었다.

일부 국가들은 많지는 않지만 중요한 역할로 여성들을 군대에 징집했다. 미국은 여성들에게 해군, 해병대, 육군 간호대를 개방했다. 영국에서 여군 지원단은 요리, 사무, 의료에 여성들을 채용했다. 독일 여성들은 군 간호사로 징집되기도 했다. 러시아에서는 차르가 폐위된 후 전쟁을 종결짓기 위해 여성 전투부대가 여럿 결성되었다. 가장 뛰어난 부대는 농민 병사 마리야 보치카레바가 지휘한 제1 러시아 여성 결사대였다.

공장의 여성들이 20분 동안만 일을 멈춰도
연합군은 전쟁에 패배할 것이다.

조제프 조프르 프랑스 원수

'미치광이 사제'

매일 10번씩 히스테리 발작을 보느니 차라리 라스푸틴 하나가 낫다.

차르 니콜라이 2세, 1912년

1915년 전쟁에 관여한 가장 강력한 여성은 러시아 황후 알렉산드라였다. 그는 남편 니콜라이 2세가 유럽 동부전선에서 불안정한 러시아 원정군을 직접 진두지휘하는 동안 상트페테르부르크에 남아 정부를 감독하고 있었다. 이런 상황은 러시아 역사에서 가장 기이한 인물의 등장으로 이어졌다. 바로 황후의 개인 사제 그리고리 라스푸틴이었다.

라스푸틴은 시베리아 출신 신비주의자이자 떠돌이 순례자였는데 황실 가족들은 라스푸틴이 혈우병을 앓는 11살 황태자 알렉세이를 치료할 권능을 지녔다고 믿었다. 라스푸틴은 치료 능력뿐 아니라 설득력과 카리스마를 지닌 인물이었고 궁정의 다른 많은 여성이 그랬듯이 황후도 사람을 끄는 그의 매력과 거친 외모에 매료되어 있었다.

짐작할 수 있는 일이지만 라스푸틴은 지나친 음주와 문란한 성생활 등 방탕한 생활 방식 때문에 보수적인 러시아 남성들의 분노를 자극했다. 그리고 러시아 정치에 라스푸틴의 입김이 작용하기 시작하자 그의 이력은 곧 끝장나 버렸다. 1916년 12월 30일에 그는 상트페테르부르크 모이카궁, 즉 부유한 귀족 펠릭스 유수포프 대공의 저택에서 귀족 한 무리에게 피살되었다(이 일은 영국 비밀요원들의 도움으로 실행되었을 가능성이 높다).

훗날 유수포프는 라스푸틴을 살해하는 일이 몹시 힘겨웠다고 시인했다. 그에 따르면, 라스푸틴은 독이 든 케이크와 와인을 먹고도 살아남았을 뿐 아니라 가슴에 총상을 입고도 죽지 않아 결국 눈 속에서 총을 쏴 쓰러뜨린 뒤 얼어붙은 강에 던져야 했다고 한다. 황실 가족에 대한 그의 영향력도 그렇게 끝이 났다. 그러나 러시아 로마노프 황실에는 이보다 더 큰 문제들이 시작되고 있었다.

솜전투

1916년은 전쟁의 역사에서 가장 파괴적인 해 중 하나로 기록되었다. 동부 전선에서 브루실로프 공세(혹은 '6월 진격')는 러시아제국에 결정적 승기를 제공했다. 한편 서부전선에서는 연합군과 독일군 사이에 두 차례 대규모 전투가 벌어져 거의 1년 가까이 지속되었으며 양쪽에서 200만 명 넘는 사상자가 발생했다. 두 전투는 바로 베르됭전투와 솜전투였다.

독일군 장교 프리드리히 슈타인브레허는 "솜, 세계사를 통틀어 이보다 더 섬뜩한 단어는 없을 것이다"라고 썼다. 사진에 보이는 이 좁은 지역에서 고작 24킬로미터를 진격하기 위해 5개월 동안 수백만 명이 격돌했다. 1916년 7월 1일 첫날부터 인명 피해는 뚜렷했다. 그날 영국군은 거의 병사 6만 명을 잃었다. 많은 수가 참호를 나와 자동사격을 향해 돌진하라는 명령을 받은 이들이었다.

전투는 140일 동안 계속되었고 포탄으로 솜 계곡의 숲은 갈기갈기 찢겨나갔다. 적진에 기총소사와 폭격을 퍼붓는 전투기와 처음으로 투입되어 구르는 탱크. 교전은 11월에 중단되었다. 그때까지 영국군과 연합군은 고작 11킬로미터를 전진했다. 영국군 사령관 더글러스 헤이그는 그들의 노력 덕분에 역시나 많은 피를 흘린 베르됭전투에서 프랑스군이 지탱할 수 있었다는 사실을 들어 대규모 희생(연합군에서만 사상자가 60만 명 나왔다)을 정당화했지만 어느 쪽도 승리를 주장할 수는 없었다. 솜에서의 대량 살상으로 달성한 것은 거의 없었으며 전쟁은 다음 해에도 계속 피로 얼룩졌다.

우리는 더디지만 확실히 이 섬의 남성 인구 중
가장 우수한 사람들을 죽이고 있다.

전직 영국 외무장관 랜스다운 경, 1916년 11월

캉브레전투

탱크는 솜전투에도 배치되었지만 대규모로 투입된 것은 1917년 11월 20일 영국군이 프랑스 북부 캉브레 인근에서 독일군 방어선을 기습 공격했을 때였다. 기관총과 6파운드 함포를 탑재한 영국제 탱크 마크 IV 수백 대가 포격으로 엄호를 받으며 독일 진지를 10일간 공격했다. 탱크 행렬은 철조망을 부수고 뒤에서 진격하는 보병들을 보호했다. 그들은 11월 말 독일군의 반격으로 다시 후퇴할 때까지 수 킬로미터를 더 확보할 수 있었다.

캉브레전투는 전쟁사에 기록될 만한 결정적 전투는 아니었지만 전쟁사에 어마어마한 공헌을 했다. 거대하고 육중하고 기계화된 궤도차가 전장의 전술을 영원히 바꿔놓았기 때문이다. 1917년에 촬영된 이 입체 카드는 캉브레에서 작동 중인 탱크를 보여주기 위해 제작되었는데 전투에 참여하지 않는 대중에게는 탱크가 섬뜩하면서도 매혹적인 대상이었음을 시사한다.

그러나 전반적인 전쟁의 맥락에서 보면, 서부전선에서 지루한 교전의 결과를 결정한 것은 그 많은 기계가 아니라 연합군이었다. 영국 탱크가 캉브레에서 독일군 진영으로 향할 때 새로운 교전국이 전쟁에 동원되고 있었다. 1917년 4월 6일에 미국의 상원과 하원은 압도적인 표로 독일과 맞서 싸울 것을 의결했다. 대서양을 오가는 상선을 향한 독일 유보트의 공격과 독일이 멕시코에 미국 침공을 부추기고 있다는 사실을 폭로한 1917년 1월 '치머만 전보'로 미국의 중립은 깨졌고 이는 전쟁 종반전의 시작이었다.

그들이 거의 간격 없이 떼로 몰려오는 모습은
흡사 한니발의 전투 코끼리나 파라오의 낫전차를 연상시켰다.

독일 장군 아르만트 레온 폰 아르덴 남작, 《베를리너 타게블라트》, 1917년 11월

헬파이터

미국이 연합군에 자금과 물자와 군수품을 제공했지만, 제1차 세계대전에 참전하기를 바라는 미국인은 거의 없었다. 미국 고립주의의 가장 중요한 주창자 가운데 한 사람이었던 28대 대통령 우드로 윌슨은 더 말할 것도 없었다. 그러나 1917년 봄이 되자 여론이 변했다. 비록 공식적으로 연합국에 가담하거나 오스만제국 등의 동맹국에 전쟁을 선포하지는 않았지만, 미국은 4월에는 독일, 12월에는 오스트리아·헝가리제국에 전쟁을 선포했다.

일단 전쟁에 개입하자 미국은 400만 명을 징집해 병력을 빠르게 늘렸고 1918년 봄부터 이들을 프랑스 전선에 투입하기 시작했다. 이 사진에 등장하는 병사들은 흑인만으로 편성되어 '할렘 헬파이터스'로 알려진 제369보병연대로 강인한 정신과 멋진 관악대로 유명했다. 헬파이터들은 프랑스군과 나란히 서부전선에서 눈부시게 싸웠다. 그들 가운데 가장 뛰어난 병사는 헨리 존슨과 니덤 로버츠 일병이었다. 두 사람은 아르곤 숲에서 독일 정찰대와 벌인 전투에서 용맹을 떨쳐 프랑스 무공 십자훈장을 받았다. 사진은 1919년 귀환하는 헬파이터들을 보여준다.

미군은 1918년에 프랑스에 모습을 나타낸 것만으로도 연합군이 4년 동안 이루지 못했던 목표를 달성했다. 그들은 병사 수만으로도 전력 손실을 흡수하며 동맹국을 압도할 수 있었기 때문이다. 이런 면에서 미국의 병력은 1918년 7월부터 11월까지 100일 공세를 성공으로 이끄는 데 중요한 역할을 했다. 결국 독일과 그들의 동맹 세력은 프랑스에서 퇴각했고 전쟁을 끝내는 종전 조약을 체결했다.

로마노프가의 죽음

1917년 두 차례 혁명이 군주정 파괴, 황실 가족 살해, 강경 마르크스주의 정당 볼셰비키 집권으로 마무리된 후 러시아가 전쟁에서 철수하자, 제1차 세계대전에서 미국의 개입이 갖는 중요성은 극대화되었다.

1916년 여름 브루실로프 공세 성공에도 불구하고 전쟁으로 인한 1917년 2월 폭동과 기근으로 니콜라이 2세는 자유주의 임시정부에 자리를 내주고 폐위되었다.

이 일로 황제와 황후와 다섯 자녀는 곤경에 빠졌다. 황실 가족은 영국과 프랑스로 망명하지 못했고, 그들이 다른 곳으로 망명할 수 있을 때까지 임시정부는 그들을 시베리아 남부 토볼스크에 유배했다. 그러나 2개월 뒤 임시정부가 전복되고 10월혁명이 일어나 블라디미르 일리치 레닌이 이끄는 볼셰비키가 집권했다. 레닌은 1918년 3월 브레스트리토프스크 조약 체결로 제1차 세계대전에서 철수를 결정했다. 그러나 볼셰비키가 왕정주의자들을 비롯한 제휴 세력과 벌인 내전으로 러시아는 이내 소멸되고 말았다.

새 정권은 로마노프 일가를 예카테린부르크로 옮겼다. 1918년 7월 16일에서 17일로 넘어가는 야밤에 이파티예프 저택에서 로마노프 일가는 총격과 구타와 총검 공격으로 모두 사망했다. 그들의 시신과 남아 있던 네 하인의 시신은 모두 훼손되고 소각되었다. 유골은 동굴에 숨겨졌다가 60년도 더 지나서 발견되었다. 그들의 참혹한 죽음은 볼셰비키 러시아를 기다리고 있던 잔혹함을 예고하는 작은 단서에 불과했다.

그것이 누구의 손가락인지 알 수 없다.
그러나 나는 분명히 황후의 손가락이라고 생각한다.
……잿더미 속에 손가락이 의치와 나란히 있었기 때문이다.

영국군 정보국에 제공된 목격자의 진술서, 1920년

정전

1918년 10월 말까지 모든 동맹국들은 군사적으로 버티기 어려운 지경이 되었고, 9월 29일 불가리아를 필두로 각국이 휴전, 즉 평화조약을 협의하기 위한 정전을 모색하기 시작했다. 워싱턴의 신문들은 독일의 항복을 보도하고 있었다. 프랑스 북부 콩피에뉴 부근 숲속 열차 객실에서 협정이 조인되었고, 파리 시각으로 11월 11일 오전 11시에 독일의 항복이 공식화되었다.

이틀 전에는 카이저 빌헬름 2세가 폐위되었다. 독일이 모든 점령지에서 군대를 철수하고 무기, 항공기, 선박, 운송수단을 포기하며 전쟁포로를 인도한다는 내용이 정전협정에 담겼다. 이는 지극히 일방적인 협정으로 1919년 베르사유조약 아래 합의된 보복적 평화조약의 기초가 되었다. 독일의 산업 지역을 압류하고 독일군 규모를 대폭 제한하며 독일의 '전쟁범죄'를 인정하는 의미로 엄청나게 높은 배상금(1320억 마르크)을 부과했다.

돌이켜보면 독일과 그 외 동맹국들이 합의한 평화조약은 가혹하고 엉망이었으며 역효과를 낳았다. 그 조약들은 독일과 동맹국들을 영구중립국으로 만들려는 프랑스의 바람과, 공정성, 우애, 민족자결주의를 바탕으로 세계평화를 창조하려는 우드로 윌슨 대통령의 이상주의적 바람을 일치시키려고 노력했다. 이 새로운 세계질서를 관리하는 일은 1920년 1월에 창설된 국제연맹에 맡겨졌다. 그러나 그 임무는 실현될 수 없다는 사실이 곧 드러났다.

이것은 평화가 아니다.
20년간의 정전일 뿐이다.

연합군 최고사령관 페르디낭 포슈 원수, 1919년

스페인독감

건장한 청년들이 병동으로 실려 오고 있다……
얼굴은 파랗게 질려 있고
지독한 기침과 함께 피가 섞인 가래가 나온다…….
미국 매사추세츠 캠프 데븐스, '감기 환자에 대한 보고서', 1918년

제1차 세계대전 기간에 약 1700만 명이 사망했는데, 전쟁이 끝난 뒤 인류 역사상 가장 치명적인 전염병이 발생해 사망 수치가 두 배 이상 늘어났다. '스페인독감'은 극심한 근육통, 두통, 급격한 체온 상승, 심한 기침에 따른 폐출혈을 일으킬 수 있는 인플루엔자였다.

미국 캔자스에서 첫 발생 사례가 확인되었고 1918년 초에는 전 세계로 확산되었다. 스페인독감이라는 이름을 얻게 된 것은 알폰소 13세의 심각한 병세가 스페인 언론에 보도되면서였다. 스페인 국왕은 독감을 떨치고 살아났지만 수백만 명은 그러지 못했다.

감염자들을 격리하고 공공의료를 통제하는 긴급 조치들이 취해졌다. 국제적십자사의 자원봉사자들(여기 사진에 등장하는 간호사도 그들 가운데 한 사람이다)이 일손이 부족한 병원 의료진에 지원했다. 그러나 제1차 세계대전에서 최악의 결과를 모면한 미국 같은 나라에서도 스페인독감을 차단하기는 어려웠다. 허약해진 유럽 국가들은 감염에 훨씬 더 취약했다. 우드로 윌슨 대통령도 1919년 파리평화회의 기간에 이 독감을 앓았다.

사상자의 절대치라는 차원에서 스페인독감은 유스티니아누스 역병, 흑사병, 에이즈 유행보다도 더 치명적이었다. 역사가들은 정확한 사망자 수를 두고 여전히 논쟁을 벌이고 있다. 독감이 진정된 후에도 5000만 명에서 1억 명이 감염되었는데 이는 세계 인구의 3~6퍼센트에 해당한다. 1910년대는 정말 비참한 시기였다.

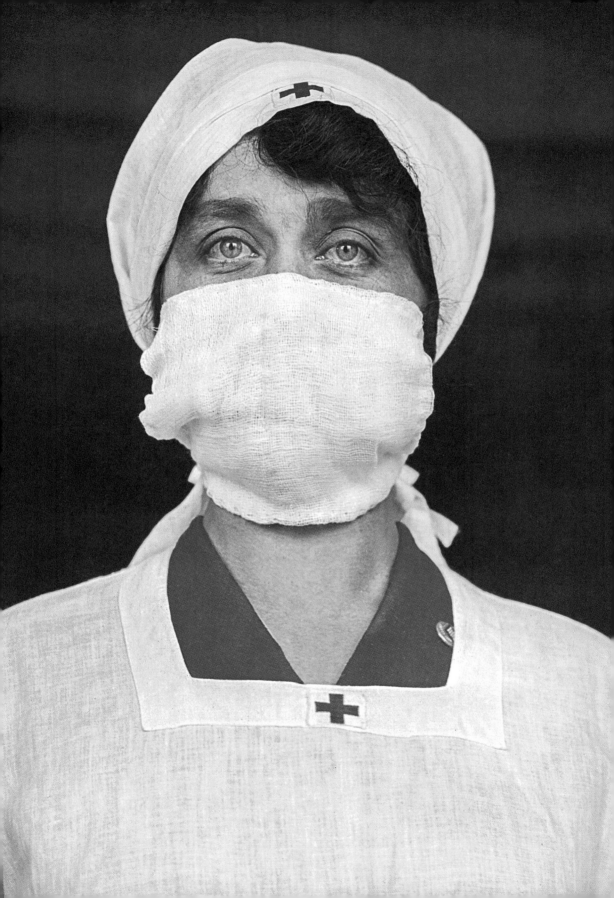

광란의 20년대

The Roaring Twenties

1920s

당신은 아직 아무것도 듣지 못했다…….

최초의 유성영화 〈재즈 싱어〉, 1927년

시카고

의 카페와 뉴욕의 댄스홀에서는 새로운 소리가 들려오기 시작했다. 루이 암스트롱이라는 뉴올리언스 출신 소년의 트럼펫에서 울리는 소리였다. 일명 '새치모'로 불렸던 그는 핫 파이브, 핫 세븐, 리틀 심포니 같은 악단들과 함께 음반을 제작했고 밤이면 청중들이 몰려드는 극장과 무도장에서 박수갈채를 받았다.

남북전쟁 이후 수십 년간 아프리카계 미국인들이 겪은 경험에 뿌리를 두고 무더운 남부에서 흘러 들어온 대담한 음악 형식인 재즈는 1920년대를 위한 사운드트랙이라 할 만했다. 어떤 이들에게 재즈는 속 편한 신세계에서 온 소음이었고 또 어떤 이들에게는 윤리 기준을 포기한 사회에서 전형적으로 들을 수 있는 퇴폐적인 불협화음이었다.

루이 암스트롱에게 재즈는 단순했다. 그가 연주하면 사람들은 듣지 않을 수 없었다. 음악 인생 40년 동안 암스트롱은 구체적으로는 재즈에 관해, 그리고 좀 더 일반적으로는 음악에 관해 전설이 된 수많은 명언을 남겼다. 그 가운데 단연 최고 명언은 이것이다. "핫한 것이 쿨할 수 있고, 쿨한 것이 핫할 수 있다. 그래서 둘은 어느 것도 될 수 있다. 하지만 핫하든 쿨하든 재즈는 재즈일 뿐이다."

1920년대에 암스트롱의 재즈 이력이 막 시작되었다. 그에게는 엄청난 것들, 50년이라는 놀라운 기간 동안 음악을 만들고 연주하는 일이 예정되어 있었다. 그의 노래하는 음성은 (지금과 마찬가지로 그때도) 선명하고, 아주 짙고, 듣기 좋게 귀를 긁는 소리였다. 가사가 있는 전통적인 곡을 부르든 의미 없는 순수 라임과 자유분방한 소리로만 구성한 '스캣'을 즉흥적으로 부르든 그의 음색은 거부할 수 없이 매력적이었다. 물론 연주자로서도 그는 출중했다. 강한 폐활량과 관악기를 다루는 타고난 재능이 결합하여 그는 당대 가장 주목받고 널리 모방되는 음악가가 되었다. 루이 암스트롱은 시대정신이 깃든 삶을 살았던 위대한 음악가였다.

서양에서 1920년대는 혁명적이고 상징적인 시대였다. 그 시대는 광란의 20년대, 황금의 20년대, 열광의 20년대 등 다양하게 알려졌다. 경제와 사회가 제1차 세계대전으로 입은 피해를 복구하기 시작했다. 자동차, 비행기, 라디오, 영화 같은 신기술 덕분에 사람들이 여행하고 소통하고 살아가는 방식이 바뀌었다.

세계에서 가장 높은 산을 오르고 비행으로 대양을 횡단하려는 대담한 시도들이 있었다. 여성들은 투표권을 얻었다. 작가와 화가들은 새로운 양식을 실험했고 앞선 10년 동안 전쟁으로 입은 피해를 한탄하는 대신 대담하게 미래에 대한 새로운 전망을 세웠다.

그러나 동시에 이런 용감한 신세계의 낙관주의 밑에서 새로운 공포가 싹트고 있었다. 러시아에서 볼셰비키혁명은 내전, 기근, 폭정을 초래했다. 베니토 무솔리니의 검은셔츠단이 로마로 진격했고 폭력적인 파시즘 신조를 내세워 쿠데타를 단행했다. 독일의 패배와 베르사유에서 부과된 가혹한 평화조약은 경제 붕괴를 야기했고 아돌프 히틀러의 국가사회주의독일노동당(나치당) 같은 극단주의 정당을 자극했다. 오스만제국의 붕괴에 이은 중동의 노골적인 분할은 아랍인들의 분노와 반란을 자극했다. 영국이 아일랜드에서 만족스러운 합의를 끌어내지 못하자 영국에서는 내전이 발생했고 아일랜드 문제에 해답을 얻기보다 오히려 더 많은 의문을 촉발했다.

멕시코의 만성적인 문제는 진정될 조짐을 보이지 않았고 가톨릭 농민과 완고한 반교권주의적 정부 사이의 전쟁으로 이어졌다. 그리고 20세기 낙관주의의 진원지인 미국에서조차 KKK단의 부활과 금주법 시행이라는 위험한 실험으로 갱과의 전쟁이 유발되었고 반동적인 분노가 들끓었다. 결국 1920년대가 끝나갈 무렵 월스트리트의 주식시장이 붕괴했고 황금기이던 20년대는 대공황의 어둠으로 이어졌다.

1921

3월 러시아 볼가 지역에 기근이 일어나 최소 500만 명이 목숨을 잃었다.

3월 크론시타트 해군기지에서 러시아 볼셰비키 정부에 대한 반란이 일어났고 붉은 군대가 진압했다.

4월 연합국은 독일에 금화 1320억 마르크를 전쟁배상금으로 부과했다.

1923

10월 로스앤젤레스에서 월트 디즈니사가 설립되었다.

11월 전쟁배상금 지불이 어려워진 독일에서 하이퍼인플레이션이 발생해 독일 화폐가 완전히 가치를 잃었다.

11월 아돌프 히틀러와 나치당의 다른 지도자들이 뮌헨 맥주홀 쿠데타를 시도했다.

1920

1월 국제 평화를 위해 설립된 국제연맹의 첫 회의가 개최되었다.

2월 오스트리아 출신 아돌프 히틀러가 독일노동자당을 장악해 국가사회주의독일노동당(나치당)으로 개명했다.

11월 더블린에서 '피의 일요일' 사건이 발생했다. 아일랜드공화국군(IRA)의 요인 암살에 영국군이 민간인 학살로 응수한 비극이었다.

1922

1월 이탈리아가 트리폴리타니아와 키레나이카를 재정복하기 시작했다.

8월 혁명가이자 국민군 지도자 마이클 콜린스가 아일랜드 내전에서 총격으로 사망했다.

10월 블라디보스토크가 붉은 군대에 함락되고 러시아내전이 볼셰비키 혁명가들에게 유리하게 종결되었다.

10월 베니토 무솔리니가 이탈리아 파시스트를 이끌고 '로마로 행진'을 했으며 이어서 수상에 임명되었다.

1924

1월 블라디미르 일리치 레닌이 사망하고 이오시프 스탈린이 소련에서 절대 권력을 향해 부상하기 시작했다.

6월 영국 산악인 조지 맬러리가 에베레스트산 정상 등반을 시도하다 사망했다.

10월 《데일리 메일》이 지노비예프 서한을 공개했다. 영국 노동당이 공산주의에 협조한다는 것을 암시하는 위조문서였다

1925

4월 F. 스콧 피츠제럴드가 『위대한 개츠비』를 발표했다.

7월 시리아와 레바논에서 프랑스의 지배에서 벗어나려는 시리아 대반란이 시작되었다.

7월 아돌프 히틀러가 『나의 투쟁』 첫 권을 출판했다

1927

5월 뉴욕을 출발한 찰스 린드버그가 성공적으로 파리에 도착하면서 첫 단독 대서양 횡단 비행을 완수했다.

10월 미국에서 최초 유성영화 〈재즈 싱어〉가 개봉해 무성영화 시대가 막을 내렸다.

1929

2월 시카고에서 밸런타인 데이 학살 사건이 발생했다. 악명 높은 악당 알 카포네의 명령으로 밀주 제조업자가 살해된 것으로 알려졌다.

2월 레온 트로츠키가 소련을 탈출해 망명길에 올랐다.

10월 월스트리트의 주가 폭락으로 뉴욕 주식시장 가치의 25퍼센트가 증발하며 대공황으로 이어졌다.

1926

5월 영국에서 총파업이 선언되었고 산업계의 임금과 조건에 항의하며 9일간 대규모 동맹파업에 돌입했다.

8월 과달라하라에서 가톨릭교도와 반교권주의 시위자들이 충돌한 폭력 사태로 멕시코에서 크리스테로전쟁이 시작되었다.

1928

2월 스위스 생모리츠에서 제2회 동계올림픽이 개최되었다.

7월 존 로지 베어드가 최초 컬러텔레비전 방송을 송출했다.

9월 아흐메트 조구가 알바니아에 군주정을 선포하고 자신을 조구 1세로 선언했다.

10월 하일레 셀라시에가 에티오피아 국왕에 즉위했다.

레닌과 스탈린

스탈린 동무는……무한한 권한을 손에 쥐었다.
그가 그 권한을 항상 신중하게 사용할 수 있을지 확신할 수 없다.

레닌, 1922년

로마노프가를 잔혹한 죽음으로 이끈 1917년 볼셰비키혁명의 배후 지휘자는 블라디미르 레닌(왼쪽)이었다. 그는 그 후 러시아의 지도자로, 그리고 1922년부터는 소련의 지도자로 집권했다. 이 새로운 러시아는 중앙위원회의 독재적인 명령에 지배되는 일당 국가였으며 레닌이 카를 마르크스의 저술에서 도출한 공산주의 이론의 지침을 따랐다.

그러나 1921년 말, 51세였던 레닌의 건강은 심하게 악화되었다. 1922년 봄에 첫 번째 뇌졸중 발작을 일으켰고 이후 두 차례 더 뇌졸중을 겪었다. 그는 말도 못 하고 걷지도 못 했다. 1924년 1월 세상을 떠난 레닌의 시신은 방부 처리되어 모스크바에서 대중에게 공개되었다. 지금도 붉은광장에 자리한 묘역을 찾아가면 그의 시신을 볼 수 있다. 죽기 직전에 레닌은 레온 트로츠키가 후계자가 되기를 바랐던 것 같다. 그리고 조지아 출신인 무자비하고 뻔뻔한 이오시프 스탈린을 고위직에서 몰아내야 한다고 분명하게 권고했다. 그러나 결국 스탈린이 집권했고, 스탈린은 음모를 꾸며 내성적인 트로츠키를 권력에서 몰아낸 다음 소련에서 추방했다. 이 사진은 1922년 고리키에 위치한 별장에서 레닌과 스탈린이 함께 촬영한 것이다.

1920년대와 1930년대 스탈린이 권력을 다지는 과정은 무자비했고 점점 더 잔혹해졌다. 그는 당내에서 적수들을 숙청했다. 그들은 대부분 연출된 공개재판을 거쳐 총살되었다. 스탈린의 극단적인 경제정책은 나라에 기근과 비참한 상황을 초래했다. 1930년대 중반이 되자 스탈린은 당 기관원에서 의심할 여지 없이 무시무시한 독재자로 변모했다.

붉은 군대

1917년 볼셰비키혁명 직후 러시아에는 내전이 뒤따랐다. 레온 트로츠키가 조직한 붉은 군대가 1922년에 군주제주의자, 외국 원정군, 반공주의자들이 두루 참여한 백군 연합을 물리칠 때까지 내전이 이어졌다.

붉은 군대는 노동자 민병대와 1918년 황제의 군대에서 떨어져 나온 잔당들로 편성되었다. 얼마간은 이데올로기가, 또 얼마간은 공포에 바탕을 둔 훈련이 그들을 싸우게 만든 동력이었다. 징집에 저항하는 자, 충성심을 다해 싸우지 않는 자, 도주하는 자는 즉결 처형되었다.

이 사진은 내전이 끝날 무렵 모스크바에서 촬영된 것으로 붉은 군대 군복을 입은 어린 소년들을 보여준다. 이 아이들이 누구인지는 알려지지 않았지만 이들의 전형적인 경험은 소비에트의 유명 어린이책 작가 아르카디 가이다르의 경험에서 엿볼 수 있다. 10대에 열렬한 볼셰비키 지지자였던 그는 14살에 당원이자 군인이 되어 1924년 전역할 때까지 우크라이나, 폴란드, 몽골에서 싸웠다. 전역한 뒤에 그는 언론인과 소설가로 활동했다. 내전이 끝났을 때 그는 고작 20살이었다.

붉은 군대 창설은 볼셰비키혁명이 존속하는 데 공헌했고 러시아 역사의 전개에도 아주 중요했다. 붉은 군대는 제2차 세계대전 발발에도 결정적인 역할을 했다. 붉은 군대 창설자인 트로츠키는 살아서 이를 지켜보지 못했다. 그는 망명한 뒤 1940년 멕시코시티에서 피살되었다

크론시타트 반란

러시아 내전에서 벌어진 전투들은 대부분 처절했지만 그 가운데서도 수천 명에 이르는 수병과 군인, 불만에 찬 노동자들이 가담했던 크론시타트 반란이 가장 큰 피해를 낳았다. 크론시타트는 얼어붙은 발트해 건너 해상으로 적들이 페트로그라드(현 상트페테르부르크)에 접근하는 것을 통제하던 섬에 자리한 요새 도시이자 해군기지다.

러시아 경제를 볼셰비키 원칙에 따라 재조직하려던 여러 해의 노력과 투쟁은 1921년 봄에 식량 부족과 산업 붕괴로 이어졌고, 농민과 도시 노동자 모두 점점 더 반란의 분위기가 무르익었다.

3월 초 페트로그라드에서 파업 노동자들, 크론시타트 요새 군인들, 거대한 두 전함 세바스토폴호와 페트로파블롭스크호(사진에 등장한다) 선원들이 연합했다. 그들은 배급량을 늘릴 것과 정치적 억압을 중단할 것을 포함해 러시아 전역에 전면적인 개혁을 추진하라고 요구했다.

결과는 전투였고 붉은 군대 병사 수만 명이 크론시타트를 포위했다. 반란자 수백 명이 살해되고 수천 명이 체포되거나 핀란드로 도주했다.

볼셰비키들에게 크론시타트 반란은 몹시 당혹스러운 것이었다. 앞서 1905년 혁명에서 수병들이 차르에 저항하며 담당했던 역할 때문이었다. 그때는 전함 포템킨호의 수병들이 장교들에게 반기를 들었다. 1921년 폭동은 진압되었지만 곧바로 볼셰비키의 교조적인 경제정책이 재평가되었고, 그 결과 공산주의의 전면적인 경제 통제가 늦춰졌다.

독재정치가 대중을 짓밟고 있다. 혁명은 죽었다.
혁명 정신이 광야에서 울부짖고 있다…….

혁명가 알렉산더 버크먼은 크론시타트 반란 이후 신념을 잃었다, 1924년

대기근

1921년부터 1922년 사이에 전쟁, 기근, 가뭄이 겹친 묵시록적 재난으로 러시아 중부는 지금껏 가장 끔찍한 굶주림으로 고통을 받았다. 그리고 대략 영국만 한 카스피해 북부 지역에서 엄청난 사람들이 죽어갔다.

1921년 유례없이 가물었던 여름에는 비가 거의 내리지 않았고 작물들이 말라 죽었다. 수확 철이 다가왔을 때 거의 모든 지역에 흉작이 들었다. 여전히 생계 농업으로 경작되던 농지가 대부분이어서 어느 해였든 재난이었겠지만, 1920년대 초 내전 기간 농촌에 가해진 파괴적인 요구들 때문에 상황은 몇 배나 더 나빠졌다. 붉은 군대에 보급하기 위해 곡식을 거듭 수탈한 탓에 최후의 보루로 삼을 보유분조차 없었다. 몇 달 안에 러시아는 인재(人災)에 사로잡혔다.

이 사진에 담긴 굶어 죽기 직전의 가족 같은 모습을 당시에는 드물지 않게 볼 수 있었다. 식량이 너무 귀해져서 사람들은 눈에 띄는 것은 무엇이든 먹어치웠다. 초근목피, 도토리, 동물 뼈를 갈아 만든 가루, 심지어 사람 시체까지 눈에 띄면 무엇이든 먹어치웠다. 유랑민들이 농촌을 배회했고 전염병이 창궐했다.

레닌 정부는 공식적으로는 외부 원조를 거부했지만 어쨌든 국제적십자사, 국제아동구호기구, 미국구호청이 농촌에 구호물자를 쏟아부었다. 1923년이 되어서야 기근은 끝이 났다. 이 시점까지 500만 명에서 800만 명이 사망했다.

나는 반쯤 벗겨진 채 기괴한 자세로 얼어붙어
떠돌이 개들의 먹잇감이 되어버린 시체 더미를 보았다⋯⋯
결코 잊을 수 없는 광경이었다.

미국구호청 활동가 윌리엄 샤프로스, 1921년

'붉은 깃발'

러시아에서 볼셰비키가 승리하자 이에 자극받은 유럽과 미국의 공산당들도 혁명의 대의에 열중했다. 영국에서는 1920년에 영국공산당(CPGB)이 출범해 20세기 전환기 이후 의회 선거에서 성과를 올린 노동당을 제외한 다른 좌파 정당들의 구성원들을 포섭했다.

1924년에 영국공산당은 혁명 행위를 조장하려 했다는 날조된 범죄로 기소되었다. 기소의 근거가 된 것은 위조된 편지였다. 《데일리 메일》에 실린 이 편지는 볼셰비키 지도부이자 코민테른 의장이던 그리고리 지노비예프가 보냈다고 주장되었다.

영국공산당에게 혁명을 준비하라고 촉구하는 내용의 '지노비예프 서한'은 10월 29일에 열릴 영국 총선 4일 전에 등장했으며 《데일리 메일》은 그 편지를 이용해 소수내각인 노동당 정부가 혁명의 대의에 공모했다고 비난했다. 그 결과 영국에서는 중산층과 노동계급의 반목이 굳어졌고, 1926년 전국에서 총파업이 진행되었음에도 노동조건이 전혀 개선되지 않자 양측의 대립은 더욱 강화되었다.

이 사진에 등장하는 시위자들은 런던에서 사회주의 찬가인 〈붉은 깃발〉을 제창하고 있다. 영국 공산당원은 상대적으로 소수(숫자는 고작 수천 명 수준이었다)였고 선거 결과도 참담했지만, 공산주의운동의 위상과 영향력은 상당했다. 그러나 1920년대가 끝날 무렵 그 영향력은 줄어들었다. 1940년대 말과 1950년대 초에 잠시 부활하기도 했지만, 영국에서 공산당은 세계 다른 곳에서처럼 확고한 기반을 마련하지는 못했다.

모스크바가 영국 공산주의자들에게 지령을 내린다……
역겨운 계급 전쟁의 발발에 대비해 만반의 태세를 갖추고 있어야 한다.
《데일리 메일》, 지노비예프 편지, 1924년 10월 25일

분열된 아일랜드

영국이 노사문제로 어려움을 겪는 동안, 아일랜드에서는 본격적인 혁명이 발돋움하고 있었다. 1916년에 공화당원들은 영국의 통치에 맞서 반란을 일으켰고 아일랜드공화국을 선포했다. 제1차 세계대전이 끝난 뒤 아일랜드공화국군은 격렬한 게릴라전으로 영국군, 왕립아일랜드보안대, 왕실군대를 돕기 위해 모집된 무자비하고 폭력적인 지원군에 대항했다. 2년에 걸친 싸움 끝에 1921년에 전쟁이 끝났다. 영국과의 협상으로 아일랜드를 북아일랜드와 신생 아일랜드자유국으로 분할하는 조약이 체결되었다.

이 사진은 1922년 8월 7일 매복 공격으로 죽은 자유국 병사들을 위한 추모식을 마치고 더블린 포르토벨로 병영을 걷는 마이클 콜린스의 모습을 담고 있다. 확고한 공화주의자이자 무자비하고 노련한 군인이었던 그는 영국과 체결한 조약의 핵심 설계자 가운데 한 사람이었다. 콜린스에게는 영국·아일랜드 조약이 완전한 독립으로 나아가는 징검다리였다. 그러나 그의 공화당 동료들은 대부분 동의하지 않았다.

1922년 6월에 조약 지지파와 반대파의 갈등이 폭발했다. 임시정부 수반으로 지명된 콜린스는 제1차 세계대전에 영국군으로 참전했던 아일랜드인 퇴역 병사들로 보강된 아일랜드자유국군의 지휘권을 맡아 한때 그의 동맹세력이었지만 이제는 그의 민족주의 군대에 저항하는 세력과 내전에 돌입해야 했다. 그가 휘하 군대에 내린 첫 명령은 조약 반대 세력들이 점거한 더블린 법원 건물을 포격하라는 것이었다. 이 사진이 촬영되고 15일 만인 1922년 8월 22일에 콜린스는 코크카운티에서 매복해 있던 조약 반대파에게 암살되었다.

이 말을 해야겠다.
나는 오늘 이른 아침에 사형 집행 명령장에 서명했다.

마이클 콜린스, 1921년 12월

하이퍼인플레이션

제1차 세계대전 패배와 베르사유조약의 굴욕에 이어 독일은 1920년대 또다시 동요하기 시작했다. 내전 때문이 아니라 경제적 충격 때문이었다. 베르사유조약에서 부과된 엄청난 배상금 고지서는 독일이 지불할 수 있는 수준을 훌쩍 뛰어넘었다. 전쟁 부채를 상환하는 방법으로 바이마르 정부는 마르크화 지폐를 대량으로 발행하기 시작했다. 이 사진은 1922년 가을에 프랑스 사진가 알베르 하를링이 촬영한 것으로 1000마르크짜리 지폐 더미가 높게 쌓인 지하실을 보여준다.

종전 직후 미화 1달러의 가치는 50마르크 정도였다. 그 후 독일 화폐의 가치는 계속해서 하락했다. 1921년 말에는 1달러가 300마르크까지 치솟았고 1922년 크리스마스에는 1달러가 7000마르크를 넘어섰다. 통제 불능 하이퍼인플레이션이 시작되었다. 1년 뒤 1달러는 40억 마르크가 넘었고 프랑스와 벨기에 군대가 독일 루르 공업지대에서 원자재로 배상금을 징수해 갔다.

결국 1924년 도스플랜과 1929년 영플랜으로 미국이 투자를 쏟아붓고 나서야 독일 경제는 정상을 회복했다. 그러나 그 경험으로 바이마르공화국의 신용도와 베르사유조약을 강요한 연합국의 위상이 손상되었다. 임금을 손수레에 실어 지급하거나 빵 한 덩이에 수십만 마르크를 건네는 부조리한 광경은 쉽게 잊히지 않았다. 하이퍼인플레이션을 발생시킨 조건들이 극단주의 정치운동을 부추기는 데에도 기여해 상황을 더 심각하게 만들었다. 미처 깨닫지 못한 사이 무가치한 화폐 더미 속에서 독일의 미래가 만들어지고 있었다.

독일을 한 세대 동안 노예로 전락시킨 정책은……혐오스럽고 역겨운 것이다……
설사 그 때문에 유럽의 문명화된 삶 전체가 몰락하기 시작한 것은 아닐지라도 말이다.

존 메이너드 케인스, 『평화의 경제적 결과』, 1919년

아돌프 히틀러

말과 글에 담긴 그의 핵심 프로파간다는 폭력적인 반유대주의다.
히틀러의 정치적 기반을 다룬 《뉴욕 타임스》 기사, 1922년 12월

독일이 전쟁배상금으로 신음할 때, 국가사회주의독일노동당(NSDAP) 또는 나치당은 작고 보잘것없는 정당 가운데 하나에 불과했다. 그러나 그 정당은 이제 새로운 지도력 아래 놓였다.

아돌프 히틀러는 1889년에 오스트리아에서 태어나 제1차 세계대전 중에는 바이에른 군대에서 복무했다. 그는 다른 많은 독일인과 마찬가지로 평화 정착 과정에 분노했다. 하지만 그 분노를 때로 잘 어울리지 않는 서로 다른 반동적인 주제들, 이를테면 지독한 인종주의, 반유대주의, 반공주의, 강력하고 광신적인 애국주의 주요 산업과 언론을 국가가 통제하는 일에 대한 막연한 관심 등과 결합했다.

이를 함께 묶어 파시즘이라고 지칭할 수도 있겠지만 나치당은 어떤 정치철학의 표현이라기보다 히틀러의 그릇된 야심을 위한 도구이자 포퓰리즘적 편견들의 짜깁기였다. 히틀러는 위협적이면서 카리스마 넘치는 대중 연설가였다. 평범한 독일인도 쉽게 이해할 수 있는 간결하고 도전적인 언어를 사용했고, 청중들이 듣고 싶어 하는 것을 들려주는 재능이 있었다. 또한 열정적인 선동가이자 무자비한 당 지도자로서 나치당의 준군사조직 SA(나치돌격대)와 군국주의 청년 운동 단체 히틀러유겐트의 발전을 독려했다.

국민적 자신감이 낮은 상황에서 히틀러는 곧 폭발적인 웅변과 새로운 정당에 기꺼이 화답할 청중들을 찾아냈다. 이 사진이 촬영된 1920년대 초에 나치당은 바이에른주에서 당원과 인지도를 급격히 늘렸다. 1923년 히틀러는 첫 집권을 위한 준비가 되어 있었다.

뮌헨 폭동

히틀러의 치솟는 자신감은 1923년 가을에 뮌헨 시가에서 전투로 이어졌다. 이른바 맥주홀 폭동이다. 히틀러는 바이에른을 장악하고 나아가 독일까지 장악할 때가 되었다고 확신이 서자 뮌헨의 출중한 정치인 구스타프 리터 폰 카르와 공모해 반란을 일으키고 베를린으로 행진해 전쟁 영웅 에리히 루덴도르프 장군을 독일의 새로운 지도자로 세울 계획을 세웠다.

그러나 10월 초 결정적 순간에 카르가 겁을 먹고 계획을 포기했다. 11월 8일 밤, 좌절한 히틀러는 동료 루돌프 헤스, 헤르만 괴링, 나치돌격대 600명을 이끌고 카르가 연설 중이던 맥주홀(뷔르거브로이켈러)을 포위했다. 그들은 맥주홀에 난입했고 히틀러는 권총을 발사하며 바이에른 정부 축출을 외쳤다.

긴장된 밤이 이어졌지만 아침에 그들이 뮌헨 거리로 진격하자 분명한 계획도 충분한 인원도 없다는 사실이 분명해졌다. 경찰과 반란군 2000명이 소규모 시가전을 벌인 뒤 나치 폭도들은 흩어졌다.

이 사진은 히틀러의 친구이자 공식 사진가 하인리히 호프만이 촬영한 것이다. 종종 11월 8일에 촬영되었다는 설도 있으나, 실제로는 폭동 몇 주 뒤 나치돌격대의 훈련 장면을 담은 사진이다. 이 무렵 히틀러는 체포되었다. 그는 반역을 시도한 혐의로 수감되었지만 형기는 고작 1년 남짓이었다. 히틀러는 감옥에서 편안히 지내며 헤스에게 『나의 투쟁』을 구술했다. 그 책은 악명 높은 회고록이자 선언서였으며 허황하고 증오심에 불타는 히틀러의 생각을 담고 있었다.

오늘 밤 독일에 혁명이 일어나지 않으면 동트기 전 우리는 죽게 될 것이다.

뷔르거브로이켈러에서 아돌프 히틀러, 1923년 11월 8일

무솔리니

무솔리니는 유럽 최고의 허풍선이다.
그가 내일 아침 나를 총살하겠다고 해도
나는 여전히 그를 허풍선이로 여길 것이다.
총살은 허풍일 것이다.

어니스트 헤밍웨이, 《토론토 스타》, 1923년

실패로 끝난 히틀러의 뮌헨 쿠데타를 자극한 것은 또 다른 허황한 유럽 지도자, 즉 39살 언론인이자 한때 사회주의자였던 베니토 무솔리니가 거둔 성공이었다. 무솔리니는 그의 파시즘 추종자들인 검은셔츠단의 '로마 행진'을 주도했다. 그들은 로마에 입성해 수상을 퇴진시키고 무솔리니를 이탈리아의 정치 지도자로 옹립했다. 이런 위치에서 무솔리니는 이탈리아 국왕 비토리오 에마누엘레 3세의 승인을 받아 이탈리아를 의회민주주의 국가에서 전체주의국가로 바꾸었고 '일 두체(수령)'가 되어 절대 권력으로서 이탈리아를 통치했다.

무솔리니가 발전시킨 파시즘의 근본원리는 전통적인 사회적 가치, 강력한 국가, 인종주의 이론, 공격적인 민족주의 역사적으로 이탈리아와 연관된 달마티아, 슬로베니아, 알바니아, 사보이같은 영토를 정복한다는 파시즘의 영토 회복 욕망('스파치오 비탈레')에 기반을 두고 있었다. 그의 가장 원대한 포부는 로마제국 부활이었고 폭력과 강제력이 그 수단이었다. 그의 준군사조직인 검은셔츠단은 적들을 기습하고 수령의 의지를 실행했다. 이탈리아는 경찰국가로 변모했다. 무솔리니에 대한 숭배는 오만하고 호전적인 연설, 마초적인 몸짓, 그가 차지한 여러 직책으로 표현되었다.

대외정책에서 무솔리니의 원대한 야심은 집권하자마자 명백해졌다. 1923년 이탈리아는 국제연맹의 항의를 무시하고 코르푸를 침공했다. 그리고 그해 이탈리아가 장악하고 있던 북아프리카 리비아에서 토지 몰수와 원주민 검거가 시작되었다. 이탈리아 파시즘의 위험한 성격은 처음부터 명확했다. 그러나 과연 누가 거들먹대는 수령에게 맞설 준비가 되었는지는 분명치 않았다.

리비아

이탈리아는 제1차 세계대전 전부터 북아프리카에서 간헐적으로 정복 전쟁을 진행하며 트리폴리타니아와 키레나이카 지역에 대한 지배권을 주장했다. 한때 로마제국이 차지했던 마그레브의 영토를 탈환하는 일은 허풍스러운 무솔리니의 성향과 잘 맞아떨어졌다. 그래서 탱크, 항공기는 물론 이 사진에 등장하는 현지 낙타 부대의 지원까지 받은 이탈리아 군대는 강인하고 전설적인 군인이자 쿠란 학자인 오마르 무크타르가 이끄는 게릴라 운동에 저지당하기 전까지 사막을 가로질러 진격했다. 오마르 무크타르는 차드와 이집트에서 프랑스와 영국의 제국주의에 맞서 싸우며 일생을 보낸 인물이다.

오마르 무크타르가 이끄는 전사들은 세누시족 지배층에 충성했으며 그의 활동은 원주민 저항군으로 알려졌다. 몇 년간 혹독한 사막 전쟁을 치른 후 1929년에 이탈리아와 세누시족 사이에 깨지기 쉬운 휴전이 중재되었다. 그러나 휴전은 1년이 안 되어 깨졌다.

1930년대가 밝아오면서 무솔리니는 무자비한 로돌포 그라치아니 장군의 지휘 아래 전술을 변경하도록 승인했다. 그라치아니는 트리폴리타니아, 키레나이카, 페잔 남부 지역을 리비아라는 고대 이름으로 통합한 이탈리아 식민지 건설 임무와 함께, 저항을 분쇄하기 위해 필요하다면 모든 수단을 동원할 권한을 위임받았다. 그 후 현지 리비아인 수만 명이 일제히 검거되어 강제수용소에 수용되었다. 1931년에는 70세의 오마르 무크타르가 체포되어 교수형을 당했다. 그리고 3년 뒤 알려진 대로 '리비아 평정'이 완료되었다

벵가지와 트리폴리가 거의 흡사했다……
여러분은 두 지역에서 모두 벽마다 그려진
무솔리니의 실루엣을 발견하게 될 것이다……

덴마크 전쟁 작가 크누드 홀름보에, 1931년

시리아 대반란

제1차 세계대전에서 오스만제국이 패배하면서 승리한 연합국들이 제국의 영토를 분할해 차지했다. 1916년에 체결된 사이크스·피코협정의 전망에 따라 분할이 이루어졌고 이는 지역 주민들의 필요보다 유럽 식민지 존속에 훨씬 더 강조점을 두었다. 중동지역에서 과거 오스만제국의 영토는 영국과 프랑스 보호령이나 '세력권'으로 분할되었다.

프랑스 세력권에는 레바논을 비롯한 대시리아 상당 부분이 포함되었다. 그러나 1920년 점령군은 도착하자마자 잇따른 반란에 직면했다. 반란 세력들은 시리아의 독립과 메카의 그랜드 샤리프의 셋째 아들 파이살 이븐 후세인의 통치를 지지했다.

반란은 진압되었고 파이살은 망명길에 올랐지만 프랑스에 대한 저항은 1920년대 내내 계속되었다. 1925년에 드루즈파 지도자 술탄 파샤 알아트라시의 지휘 아래 또 다른 반란이 터졌다. 알아트라시는 드루즈파, 수니파, 시아파, 알라위파, 기독교인까지 시리아 내 모든 아랍인에게 자신의 대의에 동참하라고 촉구했다.

하마와 홈스에서 반란이 일어났고 다마스쿠스 주변에서는 격렬한 전투가 몇 차례 벌어져 맹렬한 폭격이 거듭되었으며, 도시 일부가 이 사진에서 보듯이 연기를 뿜는 잿더미로 바뀌었다. 1927년 봄이 되어서야 질서가 완전히 회복되었다. 프랑스의 지배에서 벗어난 독립은 1945년 제2차 세계대전이 종결되고서야 비로소 달성되었다.

종교는 신을 위한 것이고
조국은 모두를 위한 것이다.

술탄 파샤 알 아트라시, 1925~1927년

파이살 왕

나는 결코 아랍인들이 그를 불만스럽게 하거나 상처 주는 것을 본 적이 없다.
그의 재치와 기억력에 찬사를 보내며……

T. E. 로런스가 말하는 파이살의 인품, 1926년

이 사진 속 인물은 파이살 이븐 후세인이다. 그가 1920년 프랑스인들에게 떠밀려 시리아에서 추방된 일은 수많은 사건으로 점철된 그의 일생에서 그저 최후의 모험일 뿐이었다. 1883년에 태어난 파이살은 후세인 이븐 알리의 셋째 아들이었다. 파이살의 아버지는 제1차 세계대전 동안 자신을 아랍인의 왕으로 선언하고 오스만제국에 맞서 반란을 일으켰다. 후세인과 아들 파이살은 오스만제국의 지배 아래 있던 아랍 지역에서 단일국가를 건설하고 그 안에서 종교적 차이, 수니파와 시아파의 종파적 대결을 초월해 공통된 아랍적 가치를 추구한다는 전망을 공유했다.

　파이살이 아버지와 합세해 오스만제국에 맞선 중요한 동기 가운데 하나는 종전 후 범아랍주의 프로젝트를 후원하겠다는 영국의 약속이었다. 이는 그의 친구 T. E. 로런스(아라비아의 로런스로 더 잘 알려졌다)가 부추긴 희망이었다. 전쟁이 끝나고 나서 중동이 사이크스·피코협정에 따라 제국의 보호령으로 쪼개진다는 사실이 분명해졌을 때 파이살은 크게 낙담했다. 그러나 시리아를 통치하려는 시도가 실패한 후 그는 이라크의 왕 파이살 1세로서 메소포타미아를 통치하라는 영국 정부의 제안을 받아들였다. 그는 범아랍의 통합이라는 전망을 포기하지 않았고 1933년 스위스 방문 중 48세를 일기로 때 이른 죽음을 맞을 때까지 이라크를 영국의 감시에서 벗어난 완전한 독립국가로 이미 만들어놓았다.

크리스테로전쟁

1910년대 멕시코혁명은 1917년에 일시적으로 끝나는 듯했다. 하지만 1920년대 들어 평화 상태는 산산조각 나고 말았다. 1926년부터 1929년 사이 정부와 교회 사이에 크리스테로전쟁으로 알려진 분쟁이 발생해서 교회를 지지하는 농민 반란군이 연방군의 무력에 맞서 싸웠기 때문이다. 미국 사진가 제임스 아베가 촬영한 이 사진에 담긴 너무나 익숙한 광경에서 보듯 잇단 폭력 사태로 들판에는 시체들이 쌓여갔다.

1924년에 당선된 대통령 플루타르코 엘리아스 카예스가 헌법에 반가톨릭적 조항들을 신설한 것이 전쟁의 촉매제가 되었다. 성직자들이 정치적인 역할을 맡는 것이 금지되었고 정부를 비판하는 일이 가로막혔으며 성직자들의 재산권이 크게 축소되었다. 교회학교와 타종이 금지되었고 사제들이 성직자 복장으로 공공장소에 나서는 것도 불가능해졌다.

전통적인 종교 생활에 대한 정면공격에 분노한 멕시코 중부 사람들이 '비바 크리스토 레이(우리 왕 그리스도 만세!)'라는 구호 아래 뭉치기 시작했다. 처음에 크리스테로스(Cristeros, 그리스도의 병사들)는 평화시위와 시민불복종운동을 벌였지만, 1927년 초부터 무장 농민과 정부 요원들 사이에 전투가 진행되었다. 결국 멕시코 주미 대사 드와이트 모로가 주도한 외교를 통해, 그리고 1928년 선거에서 좀 더 유화적인 대통령 에밀리오 포르테스 힐의 당선으로 인해 위기가 마무리되었다. 그러나 그 단계에 이르기까지 크리스테로전쟁은 10만 명의 목숨을 앗아갔다.

나는 죽지만 신은 죽지 않는다. 비바 크리스토 레이!

멕시코 과달라하라에서 크리스테로 지도자 아나클레토 곤살레스 플로레스의 유언, 1927년

마침내 안전!

1920년대 새로운 유형의 영웅들이 등장했다. 바로 무성영화 스타들이다. 그레타 가르보, 찰리 채플린, 루이즈 브룩스, 버스터 키튼, 더글러스 페어뱅크스, 해럴드 로이드는 1910년대 영화산업의 본거지였던 뉴욕이 아니라 로스앤젤레스에서 제작한 장편 흑백영화에 출연해 유럽과 미국에서 놀라운 인기를 얻었다. 〈황금광 시대〉, 〈벤허〉, 〈십계〉, 〈노트르담의 꼽추〉 같은 영화들을 보려고 관객들이 몰려들었다. 감독들은 그 영화들에서 더 창조적이고 대담한 줄거리와 등장인물들을 선보였다.

1920년대에는 채플린의 '리틀 트램프'와 로이드의 '안경잡이' 같은 코미디 주인공을 거듭 등장시키는 유행이 일었다(1923년에 개봉한 로맨틱코미디 〈마침내 안전!〉의 상징이 된 이 스틸 장면에도 로이드의 '안경잡이'가 등장했다). 로이드는 당대 최고 수입을 얻는 스타 가운데 한 사람이었는데 여기에는 그의 빼어난 사업 수완도 한몫 거들었다. 그는 주연으로 영화에 출연했을 뿐 아니라 직접 제작도 했다. 그러나 그의 성공은 캐릭터의 순수한 호소력, 대담한 스턴트 연기, 개인 안전을 아랑곳하지 않는 그의 태도에서 비롯된 것이기도 했다. 그가 〈마침내 안전!〉의 액션 장면을 연기하기 위해 마천루에 올랐을 때 그는 이미 소품 폭탄의 도화선으로 담뱃불 붙이는 장면을 촬영하다가 발생한 사고로 오른쪽 엄지손가락과 집게손가락을 잃은 뒤였다.

무성영화의 호황은 그리 오래가지 않았다. 1927년에 최초 장편 유성영화 〈재즈 싱어〉가 개봉되었고 사운드트랙이 실린 영화들로 빠르게 옮겨가기 시작해서 1920년대가 끝날 때는 그 이행이 완료되었다.

내 유머는 결코 잔인하거나 냉소적이지 않다.
나는 그저 삶을 포착하고 조소했을 뿐이다.

해럴드 로이드가 자신의 이력을 반추하며, 1971년

플래퍼

전 세계 많은 여성에게 1920년대는 변혁의 시기였고, 미국은 특히 그랬다. 경제 호황, 성공적인 참정권 운동, 전시 체제에서 여성들의 활약이 눈부셨다는 인식은 성, 결혼, 교육, 일, 사회적 품위와 예절에 대해 새로운 생각을 가진 여성 세대의 등장과 보조를 맞추었다.

이른바 '광란의 20년대'는 대체로 '플래퍼', 즉 도발적인 옷을 입고 담배를 피우고 술을 마시고 원하는 대로 춤추고 재즈 음악을 듣고 대체로 관습을 경멸하는 젊은 여성들의 이미지로 규정된다. 그리고 그들의 진보적 충동은 미국 법에도 반영되었다. 수정헌법 제19조는 때맞춰 미국 모든 주 여성들에게 1920년 대통령 선거 참여를 허락했다.

그러나 자유는 고르게 오지 않았다. 이 사진 속 여성들은 워싱턴 DC 포토맥 강변에서 수영복 규정을 준수했는지 조사받고 있다. 여러 주립공원 관리자들은 수영복 목선이 겨드랑이 아래로 내려가거나 밑단이 무릎 위로 10센티미터 이상 올라가면 안 된다는 규정을 고수했다.

사람들의 태도와 법 사이의 괴리는 여성의 권리 문제에 전형적으로 나타났다. 수영복이 그랬던 것처럼 법도 그랬다. 1920년에 남부 몇몇 주들은 수정헌법 제19조의 인준을 거부했다. 조지아, 루이지애나, 노스캐롤라이나가 여성 평등의 가장 기본적 징표인 수정헌법 제19조를 공인하기까지 50년이 더 필요했다. 미시시피주는 1984년이 되어서야 수정헌법 제19조를 상징적으로 인준했다.

내가 원하는 건 항상 젊고 무책임하고 내 삶이 내 것이라고 느끼는 게 다예요.

'미국 최초 플래퍼'로 알려진 젤다 피츠제럴드, 1919년 5월

금주령

미국 사회에서 플래퍼 세대의 자유분방함에 맞서서 금주법으로 분명하게 표상되는 새로운 보수주의가 등장했다. 수정헌법 제18조와 볼스테드법에 따라 1920년 1월 16일, 알코올 제조와 판매가 전국적으로 금지되었다.

금주운동은 술이 폭력, 빈곤, 부패, 게으름 등의 사회악을 초래한다는 이유로 음주에 도덕적으로 반대하는 개신교 단체에서 일어났으며 남북전쟁 전부터 미국에서 두각을 나타냈다. 캔자스, 노스다코타, 오클라호마 등 연방에 새롭게 편입된 주들은 주 법으로 알코올을 불법화했다. 그러나 제1차 세계대전 동안 반살롱연맹 같은 단체들의 로비 활동은 지역적 선호의 문제를 악의 근원인 술에 대한 전국적인 운동으로 바꾸어놓았다.

금주법의 효과는 의도와는 정반대로 나타났다. 주류 소비에 대한 과세로 정부의 세입은 감소했고, 주류 생산을 불법화하면 곡물 활용 가능성이 증대될 것이라던 주장은 무색해졌다. 금주 강요로 미국인들의 갈증이 줄어들기는커녕 더욱 증폭되었다. 이 사진에 등장하는 뉴욕의 식당처럼 주류를 판매하지 않는다고 홍보하는 식당들이 많았지만 주류 밀매점 수천 곳이 성행했다. 불법 증류와 밀매로 수지맞는 암시장이 등장했고 시카고의 알 카포네 일당 같은 무시무시한 갱들이 암시장을 장악했다.

대중의 분노에 불을 붙인 것은 대중의 취기가 아니라 무자비한 범죄와 1929년 밸런타인데이 학살 같은 밀주업자들의 살인 행위였다. 1933년에 금주법은 공식적으로 폐기되었다. 국민의 높은 도덕성을 위한 실험은 무모한 실패로 끝났다.

쿠클럭스클랜

금주법의 충성스러운 지지자들 중에는 쿠클럭스클랜(KKK단)이 있었다. 이민자를 배척하는 백인 우월주의 단체로 남북전쟁 후 재건 시기에 남부에서 처음 만들어졌고, 1920년대에 되살아나 완고한 개신교 광신주의, 반진보주의 정서, 위협, 사이비 종교의식의 기치 아래 백인 중산계급을 그러모았다.

1915년에 개봉한 무성영화 〈국가의 탄생〉은 KKK단의 재림을 자극했다. 이 영화는 미국의 미덕을 옹호하는 첫 KKK단의 역할을 낭만적으로 묘사했다. 무능한 앨라배마 출신 의사 윌리엄 J. 시먼스가 자신을 지도자(임페리얼 위저드)로 내세워 단체를 재창설하기로 결심했다. 시작은 더뎠지만 부활한 KKK단은 1920년대에 새롭게 인기를 얻었고 단원은 최대 400만 명까지 증가했다. 도덕적 타락을 감시하는 게 목적이었으며, 불법 음주, 주류 밀매, 난잡한 성, 범죄, 낙태를 표적으로 삼았다.

흰옷 집회, 공개 행진, 민간인에 대한 무자비한 공격은 흑인, 유대인, 가톨릭, 공산주의자, 멕시코계 미국인, 아시아계 미국인은 물론 부도덕하다고 낙인 찍힌 이들을 공포에 떨게 했다. 주로 흑인을 표적으로 삼았던 첫 KKK단의 단순한 취지를 크게 확대했으며, 화형, 타르 칠하고 깃털 붙이기, 린치, 태형 등을 동원했다.

KKK단 활동의 핵심은 잭 벤턴이 촬영한 이 사진에서 보듯이 불타는 십자가와 미국 국기 앞에서 벌이는 신입 회원 야간 입회식 같은 화려한 의식을 여는 일이었다. 제복 의식과 군중 지배에서 비롯된 전율이 많은 미국인을 매혹시켰고, 가입은 하지 않더라도 동조하는 이들이 많았다.

결국 KKK단의 폭력은 역풍을 맞아 1930년대에 단원 수가 감소했다. 그러나 1960년대 민권운동에 맞서 재등장한다.

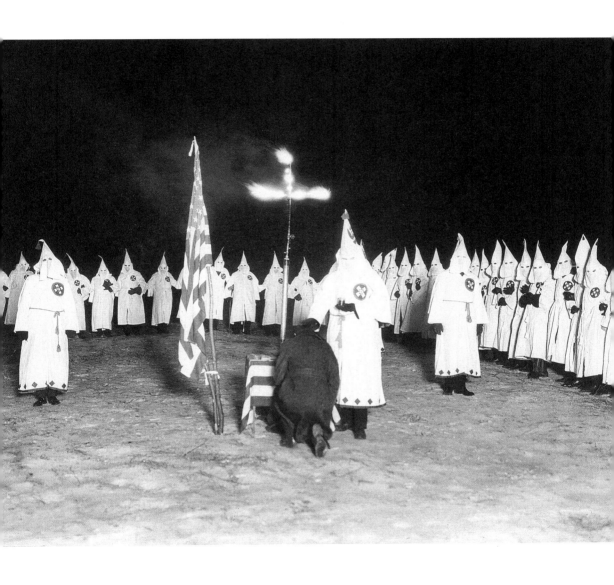

에베레스트 등반

1865년 영국 왕립지리학회는 지구에서 가장 높은 산에 '에베레스트'라는 이름을 붙였다. 고약한 성격에 인기 없던 전 회장 조지 에버리스트 경의 이름에서 따온 것이다. 하지만 당시 8848미터를 올랐다 돌아와서 모험담을 들려준 사람은 없었다. 1920년대 초 세 원정대가 상황을 바꾸려고 나섰다. 그들은 영국령 인도에서 출발해 티베트를 거쳐 거의 알려진 것이 없는 히말라야산맥으로 향했고 혹독한 지형과 고통스러운 고도와 끔찍한 날씨를 통과해 세계 최고봉에 이르는 길을 찾으려 했다.

1921년에 탐험대는 고대 요새 도시 팅그리를 지나갔다. 이 사진은 그 지역의 군벌과 그 어머니와 아내를 촬영한 것이다. 다음 해 에베레스트를 등반하려던 시도는 눈사태로 티베트인과 네팔인 짐꾼 7명이 사망하는 참사로 막을 내렸다. 1924년 세 번째 시도도 실패했고 역시나 치명적인 결과를 낳았다. 이번에는 영국인 등반가 앤드루 어빈과 조지 맬러리가 희생자에 포함되었다. 맬러리는 원정에 세 번 모두 참여한 유일한 사람이었는데 그는 보조 산소통을 사용해야만 에베레스트를 등반할 수 있다는 쪽으로 생각을 바꿨다. 금단의 산을 오르는, 자살행위에 가까운 일을 하는 목적이 무엇이냐고 묻자 맬러리는 다음과 같은 유명한 말로 답했다. "산이 거기 있기 때문이죠." 결국 그의 시신은 1999년에 산 중턱에서 잘 보존된 상태로 발견되었다.

우리는 모든 기회가 사라질 때까지 오를 기회가 있을 때마다
우리 기술로 장애물에 맞서 싸워야 합니다.

조지 맬러리가 팅그리 인근에서 기록한 에베레스트의 인상, 1921년 6월

대서양 횡단 비행

비행에도 에베레스트가 있다면 그것은 바로 대서양 횡단이었다. 1919년에 영국인 조종사 존 앨콕과 아서 브라운이 제1차 세계대전에 사용되었던 복엽 폭격기를 타고 뉴펀들랜드 세인트존스에서 아일랜드 골웨이 카운티까지 날아갔다. 1927년에는 25세 미국인 항공우편 조종사 찰스 린드버그가 단독으로 뉴욕에서 파리까지 비행했다.

그 비행으로 린드버그는 평생을 이어가게 될 국제적 명성을 얻었다. 하지만 그의 명성은 곧 이 사진에 등장하는 어밀리아 에어하트에 의해 가려졌다. 에어하트는 1928년 3인승 비행기 승객으로 대서양을 횡단한 최초 여성이 되었다. 4년 뒤에는 직접 조종해 대서양을 횡단한 최초 여성이 되었다.

에어하트는 모든 면에서 1920년대 미국 여성의 전형이었다. 소년 같은 외모에 명성을 좇았고, 결혼 후 남편의 성씨로 바꾸기를 거부했으며, 항공 분야에서 여성들의 권익을 위해 헌신한 단체 나인티나인스의 회장을 맡았다.

그러나 에어하트를 오랜 세월 기억하게 하는 것은 바로 실종이었다. 1937년에 에어하트와 항법사 프레드 누난은 주문 제작한 록히드사 항공기 엘렉트라 10E로 4만 7000킬로미터를 주파하는 세계일주 비행을 시작했다. 그들은 캘리포니아 오클랜드를 출발해 동쪽으로 비행했다. 1937년 7월 2일에 뉴기니 여정 대부분을 소화한 그들은 라에에서 이륙해 태평양을 가로질러 작은 섬 하울랜드로 향하고 있었다.

잇따른 운항 실수로 그들은 목적지에 도착하지 못했다. 그들의 운명은 여전히 알 길이 없다.

마지막 위대한 비행 만세! 완주했으면 좋았겠지만
어쨌든 할 만한 가치가 있는 일이었어요.

에어하트가 첫 대서양 횡단에 나서면서 자신이 사망할 경우에 대비해
아버지에게 보낸 편지, 1928년 6월 1일

월스트리트 주가 폭락

제1차 세계대전이 끝나고 10년이 흘러 세계경제가 회복되기 시작했고 세계 곳곳의 내전과 사회불안에도 불구하고 미래에 대한 낙관론이 움트고 있었다. 미국 대통령 캘빈 쿨리지는 국내의 '고요와 평온', '명백한 우의의 손길에 잦아든' 해외 문제들을 언급하며 1928년 연두교서를 시작했다. 그는 미국인들이 "만족스럽게 현재를 바라보고 낙관적인 미래를 기대할 수 있다"고 말했다.

그리고 나서 1929년 10월 28일 월요일과 10월 29일 화요일 사이에 역사상 최악의 금융 위기가 발생했다. 미국 주식시장 가치가 25퍼센트 하락했다. 공포에 질린 거래자들은 끝없이 주식을 팔아치웠다. 평생을 모아온 재산이 한순간에 날아갔고 돈이 미친 듯이 빠져나가면서 수백만 명의 안전이 파괴되었다. 거래소 바닥에서는 싸움이 일어났고 이 사진에 찍힌 주식중개인 월터 손턴처럼 파산한 투자자들이 무엇이든 해볼 요량으로 자산을 팔기 위해 거리로 나섰다.

월스트리트의 주가 폭락은 2주 만에 그쳤지만 그 영향은 여러 해 동안 계속되었다. 기업은 문을 닫고 일자리 수백만 개가 사라졌으며 금융 위기가 바이러스처럼 거의 모든 주요 세계경제로 번져갔다. 광란의 20년대는 공포에 질린 비명으로 막을 내렸다. 세계는 대공황에 빠졌고 회복하려면 한 세대나 지나야 했으며 또 다른 전 지구적 전쟁을 겪어야 했다.

이것으로 시스템에서 썩은 부분이 청산될 것이다……
사람들은 더 열심히 일하고 도덕적인
삶을 살게 될 것이다. 가치관이 조정될 것이다.

미국 재무장관 앤드루 멜런

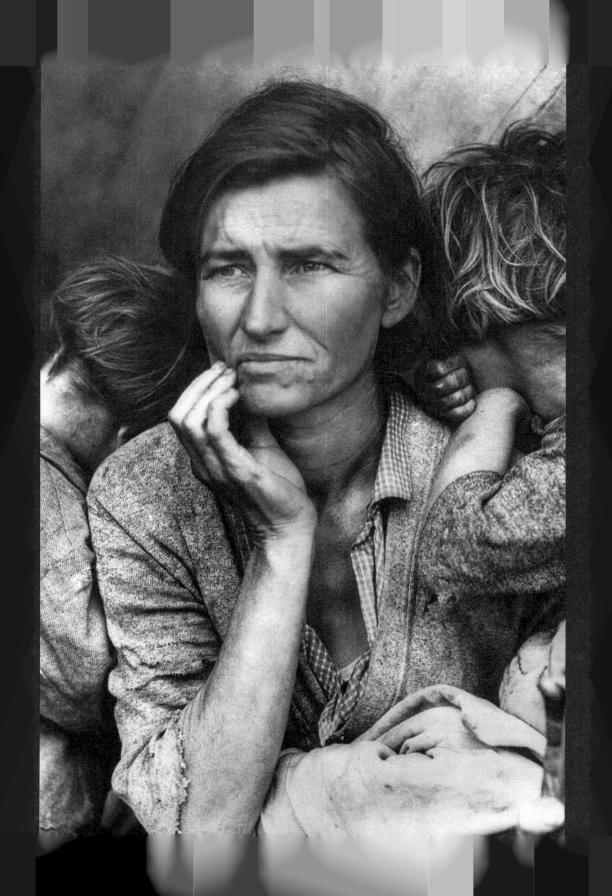

전쟁으로 가는 길

우리는 작동 방식을 이해하지 못하는
아주 민감한 기계를 제어하는 데 큰 실책을 범했다.

존 메이너드 케인스, "1930년의 대침체"

"**엄마**가 총에 맞았어!" 1936년 3월 11일자 《샌프란시스코 뉴스》에서 엄마의 사진을 본 플로렌스 오언스의 자녀 가운데 하나가 외쳤다. 32살 플로렌스는 총에 맞지 않았다. 이 신문에 실린 사진에서 그의 이마 한가운데에 번진 잉크 얼룩이 마치 총상처럼 보였다. 며칠 전 캘리포니아 101번 고속도로변에 설치된 완두콩 수확 노동자들을 위한 캠프에서 촬영된 이 사진은 그의 이미지를 시대의 상징으로 만들어 놓았다.

플로렌스의 이름을 아는 사람은 거의 없었지만 먼 곳을 응시하는 그의 공허한 시선은 얼굴이 보이지 않는 딸 캐서린과 노마의 뚜렷한 절망과 짝을 이루어 1930년대에 미국과 전 세계에서 보통 사람들이 직면한 최악의 공포를 포착한 듯했다.

일자리가 거의 없었다. 수많은 가족이 가난에 시달렸다. 미국 전역에서 경기후퇴가 뚜렷하게 나타났다. 미국의 평원에서 지속된 가뭄은 수백만 에이커 농지를 거의 사막에 가까운 이른바 더스트볼로 만들었다. 만약 미래가 있다면 그것은 끔찍할 만큼 암담했다. 사진을 촬영한 사람은 도로시아 랭이었다. 랭은 1929년 월스트리트 주가 폭락에 이은 가혹한 경기침체로 집과 일자리를 잃은 사람들에게 위안과 구제를 제공하기 위해 대통령 프랭클린 D. 루스벨트가 설립한 연방기관 재정착청에서 미국 황무지로 파견한 40세 사진가였다.

플로렌스 오언스는 그 시대의 전형적인 인물이었다. 그는 강제 이주된 아메리카원주민의 후손이며 성년이 되어서는 네 남자에게서 낳은 자식 10명을 길렀다. 또 작물을 수확하는 일을 찾아 지방을 떠돌며 근근이 생계를 이어가는 삶을 살았다. 그가 랭을 만난 날 그 가족은 완두콩 수확 노동자들의 캠프에 들렀다. 플로렌스의 동거인이 몰던 허드슨 세단이 고장 났기 때문이다(랭이 메모에서 주장한 것처럼 타이어를 팔기 위해서 들른 것이 아니었다). 다른 수백만 미국인들이 그랬던 것처럼, 그들은 지저분하고 굶주림에 지쳐 있었으며 파산 상태였다. 어쩌면 그들은 사진 이미지만큼 절망적이지 않았을지도 모른다. 몇 년 뒤에 오언스와 자녀들은 자신들의 얼굴을 이용해 기사를 팔아먹은 것에 분개했다. 그럼에도 불구하고 많은 사람들에게 이 사진은 아메리칸드림이 붕괴 직전에 있음을 말해주는 것이었다.

　랭의 상사 로이 에머슨 스트라이커는 이 사진을 가리켜 그 시대를 보여주는 '결정적인' 사진이라고 말했다. 스트라이커가 말한 시대는 어둠이 겹겹이 쌓인 시기였다. 위기와 참사는 국제정치의 쌍둥이 주제였다. 월스트리트 주가 폭락은 미국 전역에서 대혼란을 초래했고 세계경제를 대공황의 벼랑 끝으로 내몰았다. 그것은 19세기 말에 세계 전역의 경제와 사회를 파멸시킨 장기 불황보다 훨씬 더 심각한 것이었다. 경기침체는 경제 차원에서도 큰 문제였지만 국가와 국제관계에 끼친 영향은 훨씬 더 심각했다. 서유럽에서는 파시즘이 진격해오고 있었다. 독일, 이탈리아, 스페인의 파시스트들은 국민정부에 대한 비난으로 1930년대를 마무리했다. 독일의 상황이 가장 심각했다. 1933년에 집권한 아돌프 히틀러의 나치당은 유럽에 새로운 전쟁을 예고하며 독일의 재무장을 시작했고, 유대인과 다른 소수민족들에게 억압적이고 나중에는 살인적인 정책들을 지지하는 독일 민족의 가장 나쁜 본능을 자극했다.

　동양에서는 중국과 일본이 만주 지방을 둘러싼 경쟁에 돌입하고 나서야 중국의 내전이 중단되었다. 소련에서 이오시프 스탈린의 파괴적인 집단화 프로그램이 수백만 명을 기아로 인한 죽음으로 내몰았다. 남아메리카는 국가 간의 전쟁과 혁명에 사로잡혔다. 인도에서 영국의 지배에 맞선 평화시위는 무자비한 보복에 직면하곤 했다. 1929년에 미국 주식시장 폭락이 없었더라도 이런 일들 가운데 어느 것 하나라도 일어났을지 아니면 이 모든 일이 일어났을지는 여전히 논쟁거리이며 알 수 없는 일이다. 확실한 것은 1930년대에 세계는 1910년대의 공포를 훨씬 뛰어넘는 심판을 향해 가고 있었다는 점이다.

　플로렌스 오언스가 랭의 그라플렉스 카메라 렌즈 너머를 응시했을 때 아마도 그의 마음속에는 당장 아이들을 먹이고 가슴에 품은 아기에게 젖을 물리고 허드슨 세단의 라디에이터를 수리하는 일만이 있었을 것이다. 그러나 랭이 셔터를 누른 순간부터 수백만 명은 그의 초췌한 얼굴에서 그들 각자가 품은 의심과 고통과 근심을 읽어냈다.

1931

5월 미국이 성조기를 국기로 채택했다.

8월 중국에서 끔찍한 홍수가 발생해 수백만 명이 사망했다.

10월 리우데자네이루 산마루에 팔을 벌리고 선 대형 조각상 '구세주 예수상'의 공식 제막식이 열렸다.

1933

1월 독일 대통령 파울 폰 힌덴부르크가 아돌프 히틀러를 수상으로 지명했다.

3월 프랭클린 D. 루스벨트가 미국 대통령에 취임했고 대공황 여파를 상쇄하기 위해 뉴딜정책을 시행했다.

12월 미국에서 금주법이 시행되었다.

1930

2월 베트남공산당이 창설되었다.

3월 인도의 변호사이자 인권운동 지도자인 모한다스 간디가 아마다바드를 출발해 단디로 향하는 '소금 행진'을 시작했다.

10월 브라질혁명으로 워싱턴 루이스가 무너지고 제툴리우 바르가스가 대통령에 올랐다.

1932

3월 우크라이나 대기근이 시작되어, 우크라이나와 소련의 다른 지역에서 인재 성격을 띤 기아로 수백만 명이 사망했다.

6월 그란차코 분쟁 지역을 두고 볼리비아와 파라과이 사이에 차코전쟁이 시작되었다.

9월 사우드가 아라비아반도를 정복하고 통일을 달성해 사우디아라비아왕국을 건국했다.

1934

6/7월 '장검의 밤'이라고 불리는 무자비한 숙청이 나치당 안에서 잇따라 진행되었다.

8월 독일 대통령 힌덴부르크가 사망하고 히틀러가 독일 총통에 취임했다.

10월 중국공산군 병사 수천 명이 국민당에 체포되지 않기 위해 내륙으로 9000킬로미터를 퇴각하며 마오쩌둥의 '대장정'이 시작되었다.

1935

1월 이탈리아가 식민지 트리폴리타니아와 키레나이카를 합쳐 리비아를 형성했다.

2월 아돌프 히틀러가 베르사유조약을 무시하고 독일 재무장에 착수했다.

4월 더스트볼의 폭풍이 미국 대평원을 강타했다.

1936

5월 1935년 이탈리아군이 무솔리니의 명령으로 에티오피아를 침공해 아디스아바바를 장악했다.

7월 스페인에서 내전이 발발했고 공화파와 프랑코파 양 진영 모두 국제적인 개입을 유도했다.

8월 베를린에서 하계 올림픽이 개최되었다. 아프리카계 미국인 단거리 선수 제시 오언스가 금메달 4개를 획득했다.

1937

5월 독일의 체펠린 비행선 힌덴부르크호가 뉴저지 착륙장에 접근하던 중 화재로 폭발했다.

7월 베이징 인근 마르크폴로 다리(혹은 노구교) 사고로 중일전쟁이 시작되었고 1945년까지 계속되었다.

12월 난징학살사건이 시작되었고 일본 병사들이 중화민국 수도에서 무자비한 잔혹 행위를 자행했다.

1938

3월 독일이 오스트리아를 합병했다.

9월 영국 총리 네빌 체임벌린이 히틀러와 자신이 체결한 뮌헨협정이 '우리 시대의 평화'를 달성했다며 환호했다.

11월 독일에서 유대인 상점과 기업이 폭력적인 공격을 받은 '수정의 밤' 사건이 일어났다.

1939

3월 독일군이 뮌헨협정을 무시하고 체코슬로바키아를 침공했다.

4월 이탈리아가 알바니아를 침공해 조구 국왕과 왕실 가족이 잉글랜드로 망명했다.

9월 히틀러가 폴란드 침공을 명령했고 영국과 프랑스가 독일에 선전포고를 하면서 제2차 세계대전이 시작되었다.

뉴딜

대공황으로 미국은 독립혁명과 남북전쟁 이후 직면했던 것만큼 심각한 위기로 치닫고 있었다. 과거 저 두 시기에는 미국 역사상 가장 존경받는 두 대통령이 배출되었다. 1930년대에도 그들에 필적할 만한 지도자가 두각을 나타낼 터였다. 1932년 선거에서 뉴욕 민주당 주지사 프랭클린 델라노 루스벨트가 압도적 승리를 거뒀다. 그는 미국인들을 위한 '뉴딜정책'을 약속해 공화당 현직 대통령 허버트 후버를 물리쳤다.

이 사진은 1933년 3월 4일 루스벨트(일명 FDR)의 취임식에서 촬영된 것이다. 루스벨트는 그야말로 미국판 귀족이었다. 그는 하버드대학교와 컬럼비아 법학대학원을 졸업했고 제26대 대통령 시어도어 루스벨트의 먼 친척이었으며 1905년 시어도어의 조카딸 엘리너 루스벨트와 결혼했다. 그러나 루스벨트의 뉴딜정책은 명백한 포퓰리즘 프로그램이었다. 미국 금융 시스템을 개혁하고, 경제 회복을 촉진하고, 대공황으로 가장 치명적인 피해를 입은 사람들에게 소득 보조금, 공공근로, 사회보장연금 형태의 복지를 제공하기 위해 설계되었다.

뉴딜의 성공과 장기적인 영향은 미국 역사가들 사이에서 여전히 뜨거운 논란거리다. 부분적으로는 루스벨트 재임기의 변혁적인 성격이 미국의 정치와 사회에 새로운 구분선을 그었다는 데 원인이 있다. 그러나 루스벨트가 미국의 위대한 정치인 가운데 한 사람이라는 사실에는 의문의 여지가 없다. 소아마비 후유증으로 장애를 입어 평생을 고생했음에도 그는 4차례나 당선되어 미국 대통령으로는 유일하게 2차례 이상 임기를 수행한 인물이 되었으며 1945년 4월 제2차 세계대전 중에 사망했다.

뉴딜정책은 명백히 실효성 있는 사회주의를 달성하고
미국 사회의 붕괴를 막으려 한 시도다.

H. G. 웰스, 『신세계 질서』, 1940년

대공황

대공황은 전염병처럼 전 세계로 퍼져나갔고 가난, 빈곤, 노숙이 뒤따랐다. 그 진행 속도와 피해가 사회불안, 폭동, 사회 격변, 극단 정치로 치닫는 엄청난 파장을 일으켰다.

폐쇄경제 덕분에 상대적으로 무역과 외부 영향으로부터 안전한 은신처를 제공받은 중국, 일본, 소련을 제외하고 재정 손실과 경기침체의 영향을 벗어난 나라는 거의 없었다. 국민소득이 곤두박질쳤고 일부 지역에서는 GDP가 반토막 났다. 은행들이 줄도산했고 디플레이션이 시작되었으며 정부가 무너졌다. 여러 국가가 한 세기 이상 공식적으로 통화가치를 규제하고 통화 간 환율에 영향을 끼쳤던 금본위제에서 이탈했다.

금융시장 붕괴는 사람들의 비참한 생활로 이어졌다. 이 사진이 촬영된 1932년 오스트레일리아에서는 실업률이 29퍼센트까지 치솟았다. 심각한 역경이었지만 세계에서 가장 심각한 것은 아니었다. 산업화된 영국 북부 일부 지역에서는 성인 10명 가운데 7명이 실직했다.

경제난과 수백만 명의 생활수준이 급격히 추락하는 속에서 각국 정부들이 급진적인 해결책을 추구했고 유권자들은 급진적인 정부를 지지했다. 이로 인한 결과가 독일보다 더 참담하게 나타난 곳은 없을 것이다. 위기로 점철된 바이마르 정부와 몇 년을 보내며 더욱 취약해진 독일에서는 많은 극우 성향 사람들이 군국주의와 독재정으로 귀환할 때가 되었다고 생각하기 시작했다.

사람들의 영혼 속에 분노의 포도가 가득 차 있고
점점 더 무겁게 자라 수확을 기다리고 있다.

미국 소설가 존 스타인벡, 『분노의 포도』, 1939년

총통

1920년대 내내 국가사회주의독일노동당, 곧 나치당은 폭력적인 비주류 운동과 나쁜 농담 사이 어디쯤 놓여 있었다. 그러나 1933년 봄이 되자 지도자 아돌프 히틀러가 독일의 독재자가 되었다. 이 사진은 도르트문트에서 열린 한 집회에서 그가 군대를 향해 연설하는 모습이다.

히틀러가 집권할 수 있었던 것은 신경증적인 반유대주의와 반공산주의 수사법으로 모든 것을 싸잡으며 국가 문제를 내부의 적 탓으로 돌리면서 베르사유조약에 대한 국가주의자들의 분노와 대공황의 역경 속에 있는 평범한 독일인들의 불만을 하나로 묶어낸 그의 능력 덕분이었다.

1929년부터 나치와 공산주의자들 모두 독일 선거에서 거듭 승리했다. 양쪽 다 독일 의회인 라이히스탁에서 존재감을 키우는 동시에 무장한 무리들과 함께 거리로 쏟아져 나왔다. 그러나 결국 투표에서도 싸움에서도 모두 나치당이 승리를 거머쥐었다. 히틀러의 개인적 매력, 에른스트 룀 휘하의 나치돌격대, 갈색 셔츠단의 폭력적인 전술, 요제프 괴벨스가 감독한 강력한 선동의 결합으로 나치당은 1932년 11월에 독일에서 가장 큰 정당이 되었다.

노쇠한 독일 대통령 파울 폰 힌덴부르크는 설득당해 1933년 1월 30일 히틀러를 수상에 지명했다. 2개월이 채 지나지 않아 히틀러는 전권위임법에 따라 스스로 독재자의 권력을 획득했다. 이듬해 여름 힌덴부르크가 사망했고 독일군은 국가가 아닌 총통에게 개인적 충성을 맹세했다. 독일인의 공적 생활에서 재무장과 나치화가 시작되었다.

수정의 밤

히틀러는 유대인에 대한 경멸을 감추려고 애쓰지 않았다. 저서 『나의 투쟁』에는 기괴한 반유대주의 문구들이 어지럽게 널려 있었다. 히틀러가 총통에 오르고 나서는 유대인에 대한 괴롭힘, 박해, 나중에는 집단학살이 나치 정책의 중요한 목표가 되었다.

1933년 히틀러가 집권하자마자 유대인들은 의료계, 법조계, 영화계, 언론계에 이르기까지 각종 직업에서 퇴출되었다. 유대인 아이들은 독일 학교에 다닐 수 없게 되었다. 유대인들이 농장을 소유하는 것도 금지되었다. 1935년에 통과된 뉘른베르크법은 독일 유대인들의 시민권과 기본권을 박탈했다. 유대인과 비유대인의 결혼은 불법으로 규정되었고 유대인이 독일 국기를 게양하는 것도 금지되었다. 이 모든 것이 끊임없는 반유대주의 선전으로 뒷받침되었다.

1938년 11월 9일에서 10일로 넘어가는 밤, 유대인 강제 추방을 배경으로 나치 돌격대는 제국 전역에서 포그롬 물결을 일으켰고 이 사진에서 보듯이 베를린에서 유대교 예배당과 상점들을 마구 부수고 불사르고 파괴했다.

사업장 수천 곳이 파괴되어 일부는 수리할 수도 없는 지경이 되었다. 이것이 크리스탈나흐트, 즉 수정의 밤이다. 이 사건은 나치의 반유대주의 정책에서 노골적인 폭력이 확대되는 신호였다. 이후 괴벨스는 해외 언론에 유대인에 대한 박해 행위는 파리에서 독일 외교관 에른스트 폼 라트가 10대 소년 헤르셸 그린슈판에게 살해된 것에 항의하는 우발적인 대중 시위에서 비롯되었다고 주장했다. 그 소년은 반유대주의 분위기 때문에 독일에서 추방된 폴란드계 유대인이었다. 그런데 괴벨스의 이런 주장은 전혀 사실이 아니었다. 그리고 유대인에 대한 나치의 박해는 곧 훨씬 더 악랄하고 심각해졌다.

나치 동조자들

독일의 모든 위인들에게는 결점이 있었다.
히틀러의 추종자들도 결점 없는 사람들이 아니다.
오직 히틀러만이 흠결이 없다.

레니 리펜슈탈, 1938년

수정의 밤 사태가 벌어졌을 때 독일 무용수이자 배우이자 영화감독이던 레니 리펜슈탈은 미국을 여행하고 있었다. 한 신문기자로부터 아돌프 히틀러에 대해 질문을 받은 그는 히틀러를 '역사상 가장 위대한 인물'이라고 부르며 찬사를 쏟아냈다.

탁월한 재능을 지녔을 뿐 아니라 기술적으로도 획기적이었던 영화감독 리펜슈탈은 총통에 매료되었다. 리펜슈탈은 나치당의 아낌없는 지원을 받았다. 나치당은 1933년과 1934년 전당대회를 다룬 영화 〈신념의 승리〉와 〈의지의 승리〉를 촬영할 수 있게 그를 후원했다. 이 사진은 〈의지의 승리〉를 촬영하는 리펜슈탈의 모습이다. 1936년에 그는 베를린 올림픽 경기를 기록한 〈올림피아〉를 촬영했다.

나치에 동조한 독일의 유력 인사는 리펜슈탈만이 아니었다. 유대인 물리학자 아인슈타인과 막스 보른 같은 여러 지식인이 생명에 위협을 느껴 제국을 탈출한 반면, 리펜슈탈과 철학자 마르틴 하이데거를 비롯한 다른 예술가와 작가들은 공공연히 나치당과 그 정책에 관여하고 지지했다. 히틀러가 유럽의 나머지 지역으로 시선을 돌리기 전 1938년과 1939년 사이에 오스트리아와 체코슬로바키아를 점령한 데서 보듯이, 반유대주의 정책은 독일 국내에서는 신속한 재무장과 결합되었고 해외에서는 노골적인 군사 공격과 결합되었다.

리펜슈탈이 나치에 관해 만든 마지막 영화는 표면적으로는 전쟁 저널리즘을 내세우며 1939년 폴란드 침공을 다루고 있다. 그는 제2차 세계대전에서 살아남았고 나치당에 대한 협력으로 처벌받지 않은 채(비난은 면치 못했다) 2003년에 사망했다.

아비시니아

아비시니아 전사는 탱크 앞에 나서도 두려움에 떨지 않고
공격할 것이다.

하일레 셀라시에의 스웨덴인 군사 고문 에리크 비르긴 장군, 1935년

베니토 무솔리니는 아돌프 히틀러처럼 정복과 민족의 영광을 꿈꾸었다.
1935년에 그는 아비시니아, 곧 에티오피아제국을 침공함으로써 정확히
이 꿈을 향해 도발적인 걸음을 내딛었다. 이탈리아령 소말릴란드 식민지
와 긴 국경을 공유한 에티오피아는 라이베리아를 제외하고 '아프리카 분
할'에서 무사했던 유일한 아프리카 국가였다. 침략의 구실은 1934년 12월
왈왈에서 벌어진 소소한 국경분쟁이었다. 무솔리니는 에티오피아 국경에
대규모 병력을 집결시켰고 1935년 10월 전면 침공을 감행했다.

에티오피아 황제 하일레 셀라시에는 여러 차례 국제연맹에 지원을 요
청했다. 하지만 국제연맹이 그런 지원에 적합한 기구가 아니라는 사실만
여실히 증명되었을 뿐이다. 주요 회원국인 영국과 프랑스는 아프리카에
서 독일 못지않게 비난받을 만한 데다가 히틀러의 신속한 재무장에 더 놀
란 터라 궁극적으로 행동보다는 유화책을 취하고자 했다. 국제연맹은 구
속력 없는 일련의 조치를 취했고 무솔리니는 이를 무시했다. 에티오피아
는 스스로 방어해야만 했다. 이 사진은 탱크와 독가스로 무장한 이탈리아
군에 맞서 전투를 준비하는 사막 족장을 보여준다.

1936년 5월 이탈리아군은 에티오피아 수도 아디스아바바를 장악했
다. 하일레 셀라시에는 왕국을 떠나 영국으로 망명했고 그곳에서 5년을
살다가 1941년에 복위했다. 당시 그는 이렇게 말했다. "파시즘은 잔인하
고 사악한 용으로 새롭게 등장해서 인류를 억압하고 있다."

스페인내전

이탈리아의 아비시니아 침공에 이어 1936년 7월에 스페인에서 전쟁이 터졌다. 표면적으로 스페인내전은 온건사회주의자와 기타 좌파(이른바 공화파)가 연합해서 선출한 '인민전선' 정부와 민족주의자, 군주주의자, 파시스트(이른바 팔랑헤주의자) 등이 연합하고 프란시스코 프랑코가 이끄는 보수 강경 우파의 대결이었다.

그러나 실제로는 각 진영이 국제 세력의 지원을 받은 대리전이었다. 프랑코는 히틀러와 무솔리니의 지원을 받았다. 공화파는 비밀리에 프랑스의 지원을 받았고, 공개적으로 소련, 멕시코 좌파 혁명정부, 영국, 캐나다, 미국, 폴란드, 유고슬라비아 등지의 자원자들로 구성된 '국제여단'의 지원을 받았다.

3년 동안 시골과 도시에서 교전이 벌어졌다. 이 사진은 전투가 끝난 뒤 마드리드 인근 토리호스의 모습을 보여준다. 1936년 7월에 프랑코가 스페인 남부와 서부를 장악하면서 민족주의자 처형 부대가 활개 쳤고 공화파도 보복했다. 독일의 '콘도르군단'을 비롯해 외국 군사력이 대규모로 개입하면서 전쟁은 더 복잡해졌다.

헤르만 괴링의 루프트바페(독일 공군)는 스페인내전을 슈투카 폭격기 같은 전투기 시험장으로 이용했다. 그들의 가장 악명 높은 만행은 파블로 피카소의 유명한 그림으로 기억되는 게르니카 공습이었다. 스페인내전은 1939년에 프랑코의 승리로 마무리되었고 스페인 대부분을 폐허로 만들었다.

내게 왜 민병대에 가담했느냐고 묻는다면 나는 이렇게 답할 것이다.
"파시즘에 맞서기 위해서."
만약 당신이 내게 무엇을 위해 싸우느냐고 묻는다면 나는 이렇게 답할 것이다.
"보편적 품위(common decency)를 위해서."
영국 작가이자 언론인 조지 오웰,『카탈루냐 찬가』, 1938년

조구 국왕

1930년대 유럽 독재자 가운데 한 명이었던 아흐메트 조구는 1928년에 대통령에서 알바니아 국왕 조구 1세로 승격했다.

조구는 권위적인 통치자였지만 자신의 왕국에서 근대화 사업에 매진했고, 이슬람법을 폐지하고 화폐를 개혁했으며, 나치 독일과 오스트리아에서 탈출한 유대인들을 받아들였다.

상대적으로 계몽적이었다고는 해도 조구의 절대주의는 1930년대에 살아남지 못했다. 알바니아의 작은 경제는 대공황으로 파괴되었고 우방이던 파시스트 이탈리아의 재정적, 정치적 지원에 의지해야 했다. 무솔리니는 조구의 약점을 이용해 알바니아를 보호국으로 만들었고, 이탈리아 이민자들을 받아들이게 했으며, 알바니아의 경제정책을 지시하고 국가기관에 대한 광범위한 통제권을 요구했다.

조구 국왕이 일방적인 동맹에 반발하자 무솔리니는 이탈리아군을 투입했다. 1939년에 조구 국왕은 헝가리계 미국인 여백작인 아내 제럴딘 아포니(사진 중앙)와 갓 태어난 아들 레카를 데리고 최대한 많은 금을 챙겨 알바니아를 떠났다. 그들은 영국 리츠 호텔에 정착하기 전 유럽 전역을 여행했다. 이 사진은 스웨덴에서 촬영된 것이다. 조구는 1946년부터 1992년까지 알바니아를 지배했던 공산정권에 맞서 영국 이중간첩 킴 필비와 음모를 꾸몄지만 결코 자신의 왕국에 돌아가지 못했다. 그는 1961년 파리에서 사망했다. 당시 그의 나이는 65세였다. 하루에 담배를 200개비 피우던 흡연 습관을 고려하면 장수한 셈이다. 제럴딘 왕비는 2002년에 사망했다.

진정한 알바니아인은 내심으로는 군주주의자다.

조구 1세가 티라나 주재 미국 대사 허먼 번스틴에게 건넨 말, 1933년

구세주 예수상

파시즘에 사로잡힌 유럽이 무신론으로 추락하는 동안 브라질에서는 신앙을 지키려는 기념비적인 노력이 이루어지고 있었다. 1889년 브라질제1공화국 수립으로 교회와 국가가 분리되면서 기독교가 쇠퇴할지도 모른다는 우려가 생겨났다. 그러자 수도 리우데자네이루에서는 국민들이 하늘을 우러를 때마다 인사를 건네게 될 거대한 조각상 건립이 추진되었다.

그 결과 코르코바도산 정상에 높이 38미터, 무게 1145톤이나 되는 아르데코 양식 '구세주 예수상'이 건립되었다. 설계를 맡은 사람은 브라질 건축가 에이토르 다시우바 코스타와 프랑스 공학자 알베르 카쿠오였고 실제 조각상을 제작한 것은 폴란드계 프랑스 조각가 폴 란도프스키였다. 란도프스키는 실제 철근콘크리트 조각상을 만들기 전에 파리에 있던 작업실에서 조각상 각 부분을 점토로 만들었다. 거친 콘크리트 표면을 부드럽게 하기 위해 인근 오루프레투에서 채석한 활석 조각을 모자이크해 예수상 표면을 마감했다.

이 사진은 조각상이 거의 완성 단계에 접어들었을 때 촬영한 것이다. 공식 제막식은 1931년 10월 12일에 열렸다. 그런데 구세주 예수상이 공개되었을 때 조각상이 내려다본 멕시코는 혼란에 빠져 있었다. 1930년에 공화국이 군사 쿠데타로 붕괴했고 포퓰리즘을 내세운 제툴리우 바르가스가 임시 대통령에 취임했다. 처음에 바르가스는 브라질 경제 근대화를 위해 포괄적인 개혁을 시도했지만 1937년 독재 권력을 거머쥔 후 이스타두 노부(Estado Novo, 새로운 국가)라는 전체주의 체제를 수립해 1945년까지 유지했다.

구세주 예수상은 지상에 내린 어둠 속에서 가장 먼저 솟아나는 형상이 될 것이다.

에이토르 다시우바 코스타, 1922년경

차코전쟁

남아메리카의 또 다른 곳에서는 볼리비아와 파라과이가 차코 보레알 지역(그란차코로도 알려져 있다)을 둘러싸고 충돌했다. 이곳은 석유가 발견된 넓고 더운 저지대로 파라과이강을 거쳐 대서양에 접근할 수 있다는 점에서 더욱 중요한 지역이다. 볼리비아와 파라과이 모두 내륙국이고 19세기에 대륙에서 전개된 전쟁으로 영토를 잃었다. 그 때문에 차코에 대한 지배력을 확보하는 것은 수십 년에 걸쳐 점점 더 국가적으로 중요한 사안이 되었고 결국 1932년에 전쟁으로 이어졌다.

여기 수록된 사진은 독일이 제조한 항공기 융커스 Ju-52로 주로 화물 운송에 사용되었고 일부는 스페인내전에서 게르니카 폭격에 배치되었다. 차코전쟁 기간에 볼리비아는 이 항공기 4대를 도입했고, 사진에서 보듯이 주로 전선에 전쟁물자를 운송하고 부상병들을 대피시키는 데 사용했다. 남아메리카에서 처음 군용기가 사용된 전쟁이라는 점이 특징적이고 탱크와 중포 역시 차코전쟁에서 처음 사용되었다.

전쟁은 1935년 여름까지 계속되었다. 전쟁이 시작될 때는 파라과이가 볼리비아보다 더 가난하고 군사력도 약했지만 결국 차코 보레알 지역 대부분을 장악했다. 뱀이 우글대는 늪지와 정글에서 전투가 진행되었고 질병이 만연한 탓에 많은 사상자가 발생했다. 전쟁 기간 10만 명가량이 사망했고 수천 명이 고향에서 쫓겨났다.

침략전쟁, 즉 자기 나라의 방어를 의미하지 않는 전쟁은 집단범죄다…….

차코전쟁에서 평화조약을 중재한 아르헨티나 정치인 카를로스 사베드라라마스, 1936년

마오쩌둥과 주더

피비린내 나는 전투로 몇 해를 보내고
이제 마을 담벼락마다 총탄 자국이 남았다.

마오쩌둥의 시, 1933년

1930년대가 밝아올 때 중국은 오랜 내전 중이었다. 여러 분파들이 내전에 가담했지만 전쟁의 이념적, 군사적 중심에서는 장제스가 이끄는 국민당과 마오쩌둥이 주도하는 중국공산당 반군이 서로 대결했다. 마오쩌둥은 긴 생애 동안 처음에는 혁명 투쟁에 전념했고, 이후 1949년부터는 자신의 지도력 아래 중국을 공산주의 국가로 변모시키기 위한 무자비하고 살인적인 과업에 전념했다.

이 사진은 1930년대 후반 마오쩌둥(왼쪽)과 주더가 함께 촬영한 것이다. 주더는 군벌로서 앞선 시기에 독일과 러시아를 폭넓게 여행했고 혁명을 일으키기 위해 중국에 돌아왔다. 주더는 보통 홍군으로 축약해 부르는 중국공농홍군 창설에 기여했다.

마오쩌둥과 주더는 '주마오'로 널리 불릴 만큼 가까운 친분을 바탕으로 군사적, 정치적으로 긴밀한 동반 관계를 형성했다. 1920년대 후반 그들이 장시성에서 동료 소비에트 혁명가로 처음 만났을 때부터 1976년 몇 주 사이에 차례로 세상을 떠날 때까지 그들의 동맹은 반세기 이상 유지되었다.

그 기간 그들의 정책은 중국에서 7000만 명 이상을 죽음으로 내몰았다. 두 사람이 주축이 되어 치른 내전에서 많은 사람이 희생되었고, 제2차 세계대전 후 마오쩌둥이 중국공산당 지도부에 오른 뒤 주석이 되어 추구한 개혁과 억압 정책의 결과로 훨씬 더 많은 사람이 희생되었다.

만주

만주는 동해에 면한 중국 북동부 드넓은 지역이다. 석탄, 광물, 농지가 풍부해 일본은 오랫동안 이곳에 관심을 가져왔고 드디어 중국과 러시아의 지배에 도전했다.

1931년 9월 관동 지역 일본군 장교들은 '류타오후 사건'으로 알려진 철도 폭파 사건을 거짓으로 꾸몄다. 그 후 일본은 중국을 응징한다는 구실로 만주를 전면적으로 침공했다.

다음 해 국제연맹의 항의에 불복하고 국제연맹을 탈퇴한 일본은 만주를 만주국이라는 독립국가로 선포하고, 1912년 혁명으로 폐위된 청의 마지막 황제 푸이를 꼭두각시 황제로 앉혔다.

5년 동안 전쟁은 중국군과 일본군 사이의 비교적 작은 충돌로 진행되었지만, 1937년에 만주로 밀고 들어온 일본 군대가 베이징과 상하이를 위시한 중국 도시들을 공격하기 시작하면서 대규모 폭력사태로 확대되었다. 전쟁이 새로운 국면을 맞자 병사 수십만 명이 전장에 투입되었다. 도쿄에서 출발하는 이 사진 속 병사들도 그들 가운데 일부였다.

가장 악명 높았던 '난징학살사건'을 포함해 끔찍하고 잔혹한 행위들이 만연했다. 이 사건으로 민간인 30만 명이 성폭행, 집단 강간, 고문, 식인 등으로 학살되었다. 1945년까지 지속될 악랄한 전쟁 기조가 만들어졌다.

간밤에 천 명의 여성과 소녀들이 겁탈당했다는 말이 들린다……
남편이나 형제가 말리려고 나서면 총으로 쏴버렸다고 한다.

난징에서 존 라베, 1937년

사우드 가문

1930년대 중동에서는 새로운 왕국이 출현했다. 몇 년 동안 아라비아반도는 경쟁 부족, 토후, 족장들이 분열되어 서로 충돌했다. 그러나 1932년에 사우드 가문이 네지드(리야드를 수도로 하는 아라비아 내륙)와 헤자즈(메카와 메디나의 성지를 포함한 서부 해안 지역)를 통일하고 아라비아 대부분 지역을 정복했다.

1932년 9월 23일에 탄생한 신생 왕국 사우디아라비아를 통치한 것은 큰 키에 풍채가 좋고 솔직한 57세 압둘아지즈 이븐 사우드였다. 6년 뒤에 미국 과학자들이 이 신생 왕국의 동부에 있는 담맘 사막 밑에서 세계 최대 유전을 발견했을 때, 이 왕국의 운명은 극적으로 달라졌다. 사우디아라비아와 이븐 사우드는 이제 세계 정세에서 매우 중요한 존재가 되었다. 그들은 이슬람의 가장 신성한 지역을 수호하는 수문장이 되었을 뿐만 아니라 그 어느 때보다도 산업화된 세계에서 천연자원에 접근해야 하는 세계 지도자들이 구애의 손길을 뻗어왔다.

이븐 사우드(중앙에 앉은 인물)는 대가족 여러 구성원과 함께 사진을 찍었다. 그는 여러 부인에게서 100명에 가까운 자녀를 얻었고 그중 아들만 최소 45명이었다. 1953년 이븐 사우드가 사망한 뒤부터 지금까지 그의 아들 가운데 6명이 차례로 왕국을 통치하고 있다.

아라비아의 모든 왕을 만나봤지만 이보다 더 위대한 사람은 보지 못했다.

레바논계 미국인 작가 아민 리하니, 1920년대

소금 행진

우리는 우리가 가진 모든 자원을 활용해
비폭력투쟁만을 추구하기로 결의했다.
모한다스 간디가 소금 행진에서 추종자들에게 한 연설, 1930년

'사티아그라하'는 변호사이자 인권운동가인 모한다스 간디가 인도에서 영국의 지배에 항거하면서 채용한 전술을 일컫는 명칭이자 그보다 전에 그가 남아프리카에서 인도인의 권리를 위해 전개했던 운동에 붙인 명칭 이다. 산스크리트어로 '단호한 진실 추구'를 뜻하는 말이었지만, 대규모 시민불복종운동을 표현하는 데 사용되었다. 그리고 1930년에 간디는 한 가지 단순한 상품에 초점을 맞추어 이 운동을 전개했다. 바로 소금이었다.

영국의 지배 아래 정부는 소금을 제조해 인도인들에게 높은 가격에 판매했고 세금까지 물렸다. 간디는 소금법을 무력화하면 폭력을 쓰지 않 고도 영국에 타격을 줄 수 있으리라 생각했다. 3월 12일 간디는 아마다바 드의 종교적 은신처에서 벗어나 인도 서부 해안까지 320킬로미터 행진을 시작했으며 도착 후 바다에서 불법으로 소금을 만들 작정이었다.

한 달 뒤 소금밭에 도착했을 때 수만 명이 그를 따르고 있었다. 간디는 체포되어 몇 주 동안 구금되었지만 그의 저항이 상징하는 바는 분명했고, 인도 전역에서 또 다른 소금 반란과 여러 형태의 시민불복종을 촉발하는 계기가 되었다. 무자비한 단속으로 일관한 영국의 대응은 외부 세계에 식 민 지배의 부당성만 부각시켰을 뿐이다. 간디의 지지자들은 그를 '마하트 마'로 불렀는데 이는 '위대한 영혼을 지닌 자'라는 뜻이다. 이 사진에는 시 인이자 운동가이며 간디의 오랜 지지자이자 인도 독립운동의 핵심 인물 이었던 사로지니 나이두와 함께 간디가 소금 행진을 이끄는 모습이 담겨 있다.

집단농장

소련 공산주의 정권의 중요한 이념적, 경제적 목표 가운데 하나는 농업을 변화시키는 일이었다. 제 땅에서 일하는 농가는 스탈린의 야심 찬 산업화 프로그램을 감당하기에 적합하지 않다고 여겨졌다. 자신의 안위만 생각하는 개인은 소비에트적 사고의 제1 원칙을 위반하는 것이기도 했다.

1930년대 소련 전역의 농장들은 강제로 집단화되어 콜호스와 소프호스로 알려진 거대한 농업공동체로 묶였다. 정부는 이들에게 목표를 할당하고 수확에도 적극적으로 개입했다. 1929년에는 소련 농업의 집단화 비율이 5퍼센트 아래였지만 10년 뒤에는 95퍼센트를 넘었다.

집단화에 대한 폭넓은 저항이 일어났다. 농업의 집단화는 1861년에 폐지된 차르 시절의 농노제로 돌아가는 것이라고 여기는 농민들이 많았다. 노동을 강요당하고 이주를 금지당했으며 노동의 결실을 정부가 차지했다는 점에서 그들의 우려는 정당했다. 농민들은 파업에 돌입해 곡식을 감추고 비축했으며 심지어 이윤이 정부에 돌아가는 것을 막으려고 가축을 죽이기까지 했다.

스탈린주의의 대응은 학살과 굶주림이었다. 여기 사진에 등장하는 콜호스는 우크라이나 키예프 인근으로 그 비옥한 밀밭은 소련의 '빵 바구니'로 불릴 정도였으나 1932년부터 1933년까지 진행된 소련의 집단농장화는 우크라이나를 기근 지대로 바꿔놓았다. 정부의 선동가들은 쿨라크(러시아 부농층)를 부르주아 정신을 가진 반란 농민들이라고 비난했다. 배급은 줄거나 완전히 중단되었으며 노동 수용소로 대규모 강제 이주가 시작되었다. 이제는 '홀로도모르(우크라이나 대기근)'로 불리는 끔찍한 기근 때문에 우크라이나인 400만 명이 사망했다.

이제 우리는 쿨라크에 단호히 반격할 수 있다.
그리고 한 계급으로서 그들을 제거할 수 있다……

이오시프 스탈린, 1929년 12월 29일

힌덴부르크호 참사

독일 비행선 LZ 129 힌덴부르크호가 승객 36명과 그 2배인 승무원을 태우고 3일 만에 대서양을 횡단했다. 힌덴부르크호는 1937년 5월 6일 저녁, 예정보다 몇 시간 늦게 뉴저지 레이크허스트 해군 비행장에서 착륙을 준비하고 있었다. 꼬리 쪽에 나치 문양이 새겨져 있었지만 기자와 사진기자 수십 명은 근대 공학기술의 최고 걸작품이 사뿐히 착륙하는 장면을 포착하려고 숨을 죽인 채 지켜보았다.

그러나 얼마 후 그들은 아찔하게 뒤로 곤두박질치며 땅으로 추락해 불길에 휩싸이는 힌덴부르크호를 겁에 질린 채 지켜보아야 했다. 탑승객들은 연기와 불길을 피해 공중에서 뛰어내렸다. 거대한 호화 비행선이 순식간에 파괴되고 승객 13명과 승무원 22명이 사망했다.

이 사건이 비행선 시대의 유일한 참사는 아니었다. 그보다 4년 전에는 미국 해군 소속 애크런호가 대서양 상공에서 심각한 뇌우에 휩쓸려 폭발했다. 그러나 힌덴부르크호 참사는 미국 전역에 방송되는 매체에 끔찍한 장면이 고스란히 담긴 최초 사례였다. 거대한 몸통에 수소나 헬륨 가스를 채워서 띄워 올린 경식 비행선의 평판도 삽시간에 화염에 휩싸였다.

설상가상으로 여객기까지 등장하면서, 상업용 비행선을 이용한 비행 시대는 신속히 막을 내렸다. 그러나 미국에서는 군사용으로 비행선이 계속 제조되었다. 다가오는 격정의 10년 동안 온갖 종류의 전투기가 필수적이리라는 점이 점점 더 분명해지고 있었다.

신사 숙녀 여러분, 끔찍한 추락 사고입니다.
연기가 나고 불길이 치솟습니다.
기체가 땅에 부딪혔습니다.
오, 세상에!……

허버트 모리슨의 WBC 라디오 생중계, 1937년 5월 6일

'우리 시대의 평화'

1938년 9월 30일 영국 총리 네빌 체임벌린이 비행기에서 내리자 미들섹스 헤스턴 비행장의 군중들은 열광했다. 그는 뮌헨에서 아돌프 히틀러와 4강 협상을 마치고 돌아오는 길이었다. 독일 총통은 오스트리아 강제 합병, 라인란트 침공, 체코슬로바키아 침공 위협으로 유럽을 흔들어놓았다. 체임벌린은 히틀러의 야심을 억제하는 것이 자칫 유럽에 전면전을 부를 수 있다고 판단해 히틀러의 요구를 묵인하고 달래는 길을 선택했다. 뮌헨 협정은 다수 독일인이 거주하는 체코슬로바키아 접경 지역인 수데테란트의 독일 합병을 승인했다.

"체코슬로바키아 문제의 타협은……전 유럽이 평화를 찾을 수 있는 더 큰 타협의 서막일 뿐입니다." 체임벌린은 헤스턴의 군중을 향해 이렇게 말했다. 그러고 나서 영국과 독일이 서로 전쟁을 일으키지 않기로 히틀러와 약속한 내용을 상세히 적은 서류 한 장을 꺼내 보였다. 나중에 다우닝가 10번지로 돌아온 체임벌린은 자신이 '우리 시대의 평화'를 달성했다고 선언했다.

체임벌린의 판단은 완전한 오판이었다. 히틀러는 영국과 곧바로 전쟁에 돌입하기를 원하지는 않았지만 유럽의 평화를 염원하지도 않았다. 6개월 뒤인 1939년 3월 15일 독일은 체코슬로바키아의 나머지 지역을 침공했다. 1939년 4월과 5월에는 스탈린 치하의 러시아, 무솔리니 치하의 이탈리아와 불가침조약을 체결했고 9월에는 폴란드를 침공했다. 체임벌린의 유화정책은 실패했다. 히틀러의 의도는 틀림없었다.

곧 제2차 세계대전이 시작되었다.

나는 세계대전이 벌어지든 말든 관심이 없다……
나는 이런 상태를 질질 끄느니 차라리 세계대전을 감수할 것이다.

아돌프 히틀러, 1938년 9월

파괴와 구원

대영제국과 영국연방이 천 년 동안 유지된다면, 사람들은 이렇게 말할 것입니다.
'지금, 이 순간이 그들의 전성기였다'라고.

윈스턴 처칠의 연설, 1940년 6월 18일

"**적**들의 모든 분노와 힘이 곧 우리를 겨냥할 것이다." 1940년 6월 18일에 영국 신임 총리 윈스턴 처칠은 하원에서 이렇게 말하며 유럽의 군사적 상황에 대한 암울한 연설을 이어갔다. 아돌프 히틀러의 독일군에 함락된 프랑스는 산산조각으로 쓸려나갔다. 처칠에 따르면, 다음 차례는 영국이었다. 자유세계의 운명이 이제 영국의 저항에 달렸다고 그는 말했다. 만약 히틀러가 더 진격한다면 문명화된 서양은 "왜곡된 과학의 힘으로 더 불길해지고 더 오래 계속될 새로운 암흑시대의 심연으로 빠져들게" 될 것이다.

늘 그랬듯이, 처칠은 비할 데 없는 탁월한 연설 능력으로 과장이 섞이기는 했어도 진실 어린 메시지를 전달했다. 유럽은 불길에 휩싸였고 불길은 빠르게 확산되었다. 제2차 세계대전이 시작되었고, 곧 그 전쟁은 첫 전쟁보다 훨씬 더 파괴적이라는 사실이 드러났다.

제2차 세계대전에는 많은 원인이 있었다. 1914년부터 1918년까지 이어진 대전쟁의 종결과 함께 잘못 체결된 평화조약을 향한 독일인들의 묵은 분노, 대공황의 파국적 영향, 유럽에서 연이은 파시즘 정당들의 집권, 특히 독일 나치의 부상, 아돌프 히틀러 개인의 병리적 정신상태 등을 원인으로 꼽을 수 있다.

히틀러를 저지하려는 유럽의 전쟁은 북아프리카와 중동으로 확산되었고 일본의 공격을 저지하려는 태평양전쟁이 뒤얽혔다. 미국은 1941년 일본 전투기가 하와이 진주만을 공습한 이후 양쪽 지역에 모두 참전했다. 영·미와 소련의 가세로 유럽의 전쟁은 1945년 5월에 끝났지만 동양의 전쟁은 미국이 일본 히로시마와 나가사키에 원자폭탄을 투하하고 나서야 막을 내렸다.

제2차 세계대전에서 총 5000만 명 넘게 사망했고, 전쟁으로 형성된 전 세계적 정치와 문화적 태도는 아직도 영향을 끼치고 있다. 전투 행위의 종결과 함께 곧바로 또 다른 끔찍한 갈등이 이어졌다. 공산주의 러시아와 미국이 주도하는 서구 자유주의 사이의 대리전쟁과 핵무기 경쟁, 즉 냉전이 그것이다.

1940년 6월 하원에서 처칠이 연설하고 나서 3주 뒤에 유명한 전투가 시작되었다. 지금은 '영국 본토 항공전(Battle of Britain)'으로 알려진, 오로

지 공중에서만 전개된 첫 군사작전이었다. 제1차 세계대전 이후 항공 기술은 급속히 발전했다. 그래서 헤르만 괴링이 사령탑을 맡은 독일 공군은 3개월 반 동안 영공을 방어하는 영국의 역량을 완전히 소진시켜 해상 공격(암호명 바다사자 작전)이 가능하도록 시도했다.

영국 공군의 목표는 생존이었고 여름이 끝나갈 무렵 목표를 달성했다. 영토를 방어하는 데 사용된 주요 항공기는 호커 허리케인과 슈퍼마린 스피트파이어 1인승 전투기들이었다.

이 사진은 영국 본토 항공전이 가장 치열했던 1940년 7월 31일에 촬영한 것이다. 처칠은 잉글랜드 더럼 카운티의 해안 도시 하틀풀 인근 방어 시설을 시찰하던 도중 톰슨 기관단총을 건네받았다. 그렇게 촬영된 사진 속에서 말쑥한 차림에 시가를 문 영국 총리의 호전적인 모습은 길이 간직될 이미지가 되었다. 마치 제국을 지키는 불도그와 금주법 시대 시카고 갱스터 두목을 동시에 맡은 듯한 모습이었다. 이 사진을 촬영한 사람은 W. G. 호턴 대위다. 그는 《타임스》에서 일했던 전문 사진가로서 전쟁 기간 내내 영국군에서 공식적으로 처칠에게 배치되었다.

처칠은 전쟁 중 영국 국민들이 보고 듣는 것이 중요하다는 것을 잘 알고 있었다. 감동적인 그의 의회 연설은 녹음되어 전국에 방송되었으며 호턴은 처칠이 평범한 사람들 사이를 걷는 장면을 모두 사진에 담았다. 한편, 평범한 사람들은 심각한 고통을 겪는 일이 많았다. 1940년 여름이 끝나갈 무렵 영국 본토 항공전이 이른바 '런던 대공습(The Blitz)'으로 치닫고 독일의 공격이 런던과 영국 전역의 항구도시에 사는 민간인들을 향한 야간 공습에 집중되었을 때 특히 극심한 고통을 겪었다.

제2차 세계대전이 발발하기 몇 해 전 (보어전쟁에 참전했던) 처칠은 때때로 과거에서 걸어 나온 사람처럼 보였다. 그의 태도나 습관은 새로운 세계에는 전혀 어울리지 않을 뿐 아니라 오히려 시대를 역행하는 19세기 제국시대의 유물처럼 보였다. 그렇지만 처칠은 역사가 빚은 진정한 선악 투쟁이라고 해도 과언이 아닐, 파시즘에 대항한 전쟁에서 자신의 기회를 발견했고 또 장악했다. 그런 의미에서 최소한 그는 현대사의 위대한 인물로 자격이 있다.

1941

6월 독일이 한때 동맹이었던 소련을 침공했다. 작전 암호명은 바르바로사 작전이었다.

12월 일본이 하와이 진주만 해군기지를 폭격하자 이에 자극받은 미국이 연합군 편에 서서 제2차 세계대전에 참전했다.

1943

1월 처참한 겨울 포위전을 치른 후 독일군이 스탈린그라드에서 소련군에 항복했다.

4월 바르샤바의 봉쇄 구역에 갇혀 있던 유대인들이 바르샤바 게토에서 봉기를 시작했다.

7월 쿠르스크에서 독일군과 소련군 사이에 역사상 가장 큰 전차전이 벌어졌다.

1940

5월 프랑스를 침공한 독일군이 마지노선을 우회해 6월 중순 파리를 점령했다.

5월 됭케르크 철수 작전이 시작되어 33만 8000명에 이르는 영국군이 독일군의 진격을 피해 프랑스 연안에서 퇴각했다.

7월 영국 본토 항공전이 시작되어 영국 공군이 독일 공군과 우열을 다퉜다.

1942

6월 태평양에서 미드웨이전투가 발생했고 일본의 해군력에 치명적인 타격을 입혔다.

8월 과달카날전투가 시작되었고 연합군이 솔로몬제도에서 일본군을 격퇴했다.

10/11월 이집트 엘 알라메인의 제2차 전투에서 영국군이 에르빈 로멜이 지휘하는 독일군과 이탈리아군에게 승리했다.

1944

6월 6월 6일 디데이 상륙작전으로 노르망디 해변에서 연합군의 대규모 합동 공격이 시작되었다.

10월 일본 공군이 레이테만 해전에서 가미카제 자살 공격을 개시했다.

1945

1월 나치 친위 대장 하인리히 힘러가 강제수용소에서 철수할 것을 명령했다. 나치 정권은 강제수용소에서 수백만 유대인과 파시즘 반대자들을 살해했다.

4월 이탈리아의 파르티잔이 무솔리니를 살해했다. 히틀러가 자살했고 5월 초 유럽에서 연합군이 승리를 선언했다.

8월 미국이 일본에 원자폭탄 두 개를 투하해 히로시마와 나가사키 대부분을 파괴하며 일본의 항복을 압박했다.

1947

3월 미국 대통령 해리 S. 트루먼이 '트루먼 독트린'을 발표해 미국이 공산주의 반란으로 위협받는 민주주의를 지원하는 토대를 마련했다.

8월 인도가 분할 독립하며 인도와 파키스탄 자치령이 탄생했고 대규모 강제 이주와 폭력 사태가 촉발되었다.

1949

7월 남아프리카에서 인종 간 결혼 금지령이 내려지며 인종주의적인 아파르트헤이트 체제의 시작을 알렸다.

8월 소련 최초 핵실험이 실시되었다.

10월 마오쩌둥이 중화인민공화국 수립을 선포했다.

1946

3월 윈스턴 처칠이 유럽 전역에 드리운 '철의 장막'을 언급한 연설에서 냉전을 설명했다.

10월 고위급 나치 장교 여럿을 교수형에 처하고 투옥하는 것으로 뉘른베르크재판이 종결되었다.

12월 프랑스 식민지 군대와 북베트남 대통령 호찌민이 이끄는 베트남공산당 사이에서 제1차 인도차이나전쟁이 발발했다.

1948

4월 마셜플랜이 시행되어 미국이 유럽 재건을 위한 차관과 원조로 수십억 달러를 제공했다.

5월 다비드 벤구리온이 이스라엘을 유대인 독립국가로 선포하자 인접 아랍 국가들과 전쟁이 발발했다.

6월 공산 세계 안에 고립된 서베를린에 식량, 연료, 기타 보급품들을 공급하기 위한 베를린 공수작전이 시작되었다.

전격전

Blitzkrieg

1939년 9월, 히틀러가 폴란드를 침공한 뒤 영국과 프랑스가 독일에 선전 포고했다. 6개월 동안 가짜 전쟁(Phoney War, 선전포고는 했으나 전투는 하지 않는 상태)이 이어졌고 전쟁에 가담한 모든 진영이 병력을 소집했다. 히틀러는 적들을 '벌레'라며 경멸했지만 연합군 병력이 독일군 병력보다 우세했다.

더욱이 프랑스의 방어선은 견고했다. 콘크리트 요새와 무장한 전초기지와 방어벽으로 이루어진, 이른바 마지노선이 독일과 만나는 동부 국경선을 따라 알프스 기슭부터 아르덴 숲까지 펼쳐져 있었다.

그러나 1940년 봄, 독일의 공격에 마지노선이 무너졌다. 먼저 노르웨이를 점령하기 위해 군을 파견한 히틀러는 5월 10일에서 27일 사이 독일군에 북서 유럽을 거쳐 전격적으로 프랑스로 진격하라고 명령했다. 독일의 '전격전(Blitzkrieg)' 전술에는 슈투카 급강하폭격기의 지원을 받으며 빠르게 이동하는 기갑보병과 차량화 보병의 공격이 포함되었다. 독일군은 프랑스 요새들을 포위하고 벨기에, 네덜란드, 룩셈부르크를 점령했으며 영국군과 프랑스군을 대서양 해변으로 빠르게 내몰았다. 6월 10일에는 이탈리아 파시스트 지도자 베니토 무솔리니가 프랑스에 전쟁을 선포했다. 4일 뒤 파리가 함락되었다.

이 사진은 1940년 권총과 화염방사기로 무장하고 마지노선을 돌파하는 독일군 병사들의 모습을 보여준다. 제1차 세계대전의 참혹했던 참호전이 재연되지는 않았지만 똑같이 충격적인 것이 왔다. 바로 잔혹한 의도로 가차 없이 움직이는 군대의 전격전이었다.

독일 국민 여러분!
여러분의 병사들이 단 6주 만에 전쟁을 끝냈습니다……
그들의 위업은 역사상 가장
영광스러운 승리로 기록될 것입니다.

독일 선전 포스터, 1940년 6월

됭케르크

1940년 봄, 프랑스 연합군과 함께 싸우기 위해 프랑스·벨기에 국경에 급 파된 영국군에게 독일군은 모두 쓸어버리겠다고 위협했다. 수십만 병사 들이 해안으로 퇴각했고 5월 말 됭케르크 주변 해안에 고립되었다. 40만 명 넘는 영국군, 프랑스군, 벨기에군을 영국으로 대피시키기 위한 출격이 시작되었다.

도버성에서 부제독 버트럼 램지가 암호명 '다이너모 작전'으로 불린 이 임무를 지휘했다. 됭케르크의 방어선이 유지되는 동안 가급적 많은 사 람을 수송하기 위해 영국 공군의 항공 엄호 아래 구축함부터 구명정까지 900척 가까운 선박이 해협 건너편으로 급파되었다.

해변의 상황은 끔찍했다. 루프트바페 전투기가 기관총으로 맹공을 퍼 붓는 동안 사람들이 일주일 가까이 모래언덕에 줄지어 서 있었다. 램지는 대략 4만 5000명을 구출할 것으로 예상했다. 그런데 5월 26일과 6월 4일 사이에 33만 8000명이 구출되었다.

이 사진의 배경에는 전형적인 구조선이 등장한다. 이 사진은 1940년 6월 3일 아침, 타블로이드 신문 《데일리 스케치》 1면에 수록되었다. 영국 구축함 화이트홀호에는 함선 표지번호 D94가 표시되어 있다. 독일군의 포격에 손상을 입었음에도 이 배는 네 차례나 해협을 오가며 3000명 가까 운 인명을 구출했고 남은 전쟁 기간 독일 유보트를 파괴하며 북해를 순찰 했다.

우리는 이 구출 작전을 승리로 치부하지 않게 주의해야 합니다.

윈스턴 처칠, 1940년 6월 4일

런던 대공습

우리가 폭격당했다는 사실을 기쁘게 생각합니다.
비로소 이스트엔드를 제대로 볼 수 있게 되었기 때문입니다.
공습으로 버킹엄궁이 직격탄을 맞은 뒤 국왕 조지 6세의 부인 엘리자베스 왕비의 말

독일은 1940년 여름 동안 벌인 영국 본토 공격에서 영국 공군을 파괴하는데 실패했고, 처칠은 나치와 타협하는 데 단호히 반대했다. 영국 해상 침투를 망설이던 히틀러는 런던 대공습으로 알려진 공중 공격으로 선회했다. 공격의 표적은 런던, 영국 남부와 서부 해안 도시, 헐과 리버풀과 글래스고 같은 북쪽 도시의 민간인과 산업 시설들이었다.

1940년 가을에서 겨울 사이 57일 동안 매일 밤 공격이 이어지면서 런던에 폭탄 1만 8000톤이 투하되었다. 구시가지와 노동계급 거주지인 이스트엔드가 거대한 잿더미로 변하자 이를 피해서 많은 아이들이 시골로 대피했다. 이 연출 사진은 런던 대공습 가운데 촬영한 것으로 폭격이 진행되는 동안 아이들이 겪었던 고통을 강조한다. 정원에 설치된 방공호('앤더슨' 방공호)가 널리 활용되고 지하실과 런던 지하철이 임시 벙커로 사용되었는데도 소이탄과 폭격으로 4만 명 넘는 민간인이 죽고 가옥 100만 채가 파괴되었다.

공습 사이렌 소리와 독일군 폭격기를 겨냥한 날카로운 대공포 소리는 매일 밤 치르는 의례가 되었고 1941년 5월이 되어서야 끝났다. 그때 히틀러는 영국을 영국 본토에서 물리치는 일에 희망도 관심도 잃었다. 그는 다른 곳, 동유럽의 훨씬 더 지독한 새 전선으로 관심을 돌렸다.

바르샤바 게토

1940년 가을, 독일군이 폴란드를 침공해 수도 바르샤바를 함락했다. 바르
샤바에 거주하는 많은 유대인 주민들에게 이 일은 재앙을 의미했다.

폴란드의 나치 지배자들은 식별을 위해 유대인들의 팔에 흰색 완장을
두르게 하고 은행 계좌를 막은 후 도시 외곽과 시골에 거주하는 유대인들
을 도심으로 이주시켰다. 3.4제곱킬로미터 남짓한 게토 주변에 3미터 높
이 담장을 둘러 봉쇄하고 40만 명 넘는 사람들을 수용했다. 상황이 끔찍
했다. 하루 150킬로칼로리 배급으로 굶주림과 티푸스가 만연했다. 급기야
1942년에 독일은 철도를 이용해 게토 주민들을 동쪽의 트레블링카로 강
제 이송하기 시작했다. 그곳에서 유대인들은 총살되거나 가스실에서 대
량으로 학살되었다.

이 사진은 1943년 바르샤바 게토에서 봉기가 발생했을 때 촬영되었
다. 4월 19일에 화염병과 권총으로 무장한 반란자들이 트레블링카로 보
낼 희생자들을 모으기 위해 파견된 나치 병사들을 공격했다. 5월 들어 화
염과 폭탄으로 게토가 파괴되고 마지막 수용자들이 총살되거나 추방될
때까지 4주 가까이 봉기가 계속되었다. 사진에 등장하는 아이의 신원은
확인되지 않는다. 소총을 든 병사는 바르샤바에서 유대인 수백 명을 처형
한 악명 높은 나치 친위대 대원 요제프 블뢰셰로 알려졌다.

그의 사진은 1951년 전쟁범죄로 교수형을 받은 위르겐 스트루프 장군
이 작성한 바르샤바 봉기에 관한 '스트루프 보고서(Stroop Report)'에 담겨
있다.

유대인의 도시 바르샤바,
울타리 안의 도시, 장벽 안의 도시가
눈앞에서 눈 녹듯 녹아내렸다.

바르샤바 게토 봉기에 가담한 교사이자 시인 이츠하크 카츠넬슨의 말

북아프리카전쟁

히틀러의 군대가 유럽 전역을 휩쓰는 동안 북아프리카 사막에서는 또 다른 격전이 펼쳐졌다. 1940년 말에 무솔리니의 이탈리아군은 인접 식민지인 리비아에서 영국 보호령 이집트를 침공해 신속히 점령했다. '사막의 여우'로 불릴 만큼 탁월했던 에르빈 로멜 장군이 이끄는 독일의 아프리카군단이 이탈리아군을 지원했고 결국엔 역할을 대신했다.

1940년 6월부터 1943년 초여름까지 동쪽으로는 이집트와 리비아부터 서쪽으로는 모로코에 이르는 지역에서 북아프리카전쟁이 계속되었다. 영국군이 지휘했지만 대영제국과 프랑스제국 등에서 차출된 여러 국적 병사들이 힘겨운 원정에 가담했다. 이 사진은 자유프랑스군 소속 외국인 병사 세 사람을 보여준다. 이들은 1942년 초여름에 리비아 비르하킴 오아시스 인근에서 싸웠으며, 세네갈, 마다가스카르, 프랑스령적도아프리카 출신이었다.

버나드 몽고메리 장군이 1942년 10월부터 11월 사이 엘 알라메인에서 거둔 극적인 승리(이 지역에서 싸운 두 번째 전투)로 사기를 높이며 그 전까지 승승장구하던 로멜의 사막 원정을 끝장냈다. 1943년 5월 추축국이 패망할 때까지 전투는 6개월을 더 끌었다. 연합군은 이탈리아를 침공하려 했지만 이 단계에서 일본이 진주만을 폭격하면서 미국이 참전했고 히틀러는 소비에트를 침공했다. 점점 더 통제가 어려워지던 그야말로 전 지구적인 충돌 속에서 북아프리카전쟁은 한 부분에 지나지 않았다.

수상이 우리에게 내린 지령은
북아프리카에서 추축국 군대를 물리치라는 것이다.
그 지령은 완수될 것이다!.

버나드 몽고메리 중장, 1942년

동부전선

제2차 세계대전을 시작한 소련은 거의 히틀러만큼 탐욕스럽게 정복에 탐닉했다. 1939년부터 1941년 사이 이오시프 스탈린의 군대가 폴란드 동부, 라트비아, 리투아니아, 에스토니아, 루마니아를 침공했다. 1939년에서 1940년 사이 겨울에 치러진 전쟁에서 그들은 핀란드를 침공했다. 이 사진은 1940년경에 훈련 중인 소비에트 보병을 보여준다.

동부전선에서 러시아의 침공이 처음 시작되었을 때 히틀러는 불가침 조약의 보호를 받고 있었다. 그러나 1941년 6월 22일에 총통이 약속을 저버리고 바르바로사 작전을 개시했다. 바르바로사 작전은 소련에 대한 독일의 세 갈래 공격으로, 기갑사단을 앞세운 독일군이 북부의 레닌그라드, 중부의 민스크와 키예프, 남부의 오데사로 진격했다.

소련은 3개월 만에 500만 명에 이르는 병력을 잃었다. 그러나 소련의 엄청난 인구가 감당할 수 있는 충격이 한 가지 있다면 그것은 바로 인력 손실이었다. 스탈린은 장군들부터 병사들까지 모두가 죽기를 각오하고 싸워야 하며 그렇지 않으면 반역죄로 처형될 것이라고 말했다. 결과적으로 바르바로사 작전 중 소련군은 국경선 안으로 수백 킬로미터까지 밀렸을지언정 모스크바는 사수했다.

러시아의 혹독한 겨울이 시작되자 독일의 전격전이 교착상태에 빠졌다. 히틀러가 기대했던 전광석화 같은 승리는 오지 않았다. 사실 그에 앞서 나폴레옹 보나파르트가 그랬던 것처럼 동부전선에서 품은 지나친 야심은 히틀러를 소모전으로 끌어들였고, 결국 그의 파멸로 이어졌다.

유럽에서 새로운 경작지와 영토라면,
러시아 말고 달리 생각할 수 있는 곳은 없다.

아돌프 히틀러, 『나의 투쟁』, 1925년

스탈린그라드

1942년 여름, 히틀러는 소련 공격을 재개했다. 독일 제6군은 코카서스 유전을 향한 대공세의 한 부분으로 남동부로 진격했고 볼가 강변의 공업도시 스탈린그라드를 침공했다. 이에 맞서 스탈린은 도시를 구하기 위해 가장 뛰어난 장군 게오르기 주코프를 파견했고 알렉산드르 바실렙스키가 지원했다.

11월 19일에 소련군은 동시 작전, 즉 암호명 화성 작전과 천왕성 작전으로 모스크바 인근 독일 사단들을 각각 묶어두었고, 스탈린그라드 주변에 포진한 독일군 25만 명을 나머지 독일군과 추축국 군대로부터 고립시켜 함정에 빠트렸다. 1942년부터 1943년 겨울 내내 소련군은 스탈린그라드 포위망 안에 있는 적군 수천 명이 얼어 죽거나 굶어 죽거나 전염병으로 죽도록 내버려두었다. 루프트바페의 공습으로 포위를 풀려던 나치의 시도는 실패했다.

1월 10일에 주코프의 공격이 개시되었고 스탈린그라드 주변 얼어붙은 시골 지역을 공습으로 파괴하고 이어서 폐허가 된 도시를 휩쓸며 시가 곳곳에 포격을 가했다. 사진에 보이는 붉은 군대 병사들은 1941년형 슈파긴 기관단총으로 싸우고 있다.

히틀러는 분통이 터질 일이었지만, 1943년 1월 31일에 제6군 사령관 프리드리히 파울루스는 항복했고, 독일군 병사 80만 명이 죽거나 다쳤고 9만 명이 포로로 잡혔다. 주코프는 훨씬 더 많은 것을 잃었지만 스탈린그라드를 사수했고, 독일에 굴욕적인 패배를 안겨 전쟁의 흐름을 바꿔놓았다.

이 승리는 우리 조국이 역사상
가장 힘겨운 시련을 견뎌냈음을 의미한다.
스탈린그라드 방어 후 알렉산드르 바실렙스키 장군의 말

진주만

"진주만 공습이다. 훈련 상황이 아니다." 간결하지만 으스스한 이 메시지는 하와이 진주만에 주둔한 미국 해군기지 병사들에게 사진에 등장하는 파괴적이고 예기치 않은 공격을 경고했다. 1941년 12월 7일, 하늘에서는 350대가 넘는 일본 해군 전투기와 폭격기가 엔진 굉음을 내고 있었다.

오전 10시에 공격이 끝났을 때 일본은 미국 해군 선박 10여 척과 항공기 360대를 파괴하거나 파손했다. 미군 2403명이 사망하고 1178명이 부상을 입었다. 일본은 필리핀과 괌의 미군 기지, 말라야와 홍콩의 영국군 기지, 그리고 태국까지 태평양의 다른 곳들도 일제히 공격했다. 미국 대통령 프랭클린 D. 루스벨트는 진주만 공습이 '치욕의 날'이 될 것이라고 연설했다. 확실히 그날은 역사적인 날이 되었다. 12월 8일에 미국은 2년 넘게 공식적으로 유지해온 중립을 끝내고(그동안 미국은 연합국에 자금과 물자만 지원했다) 일본에 선전포고 했다. 이어서 12월 12일에는 독일이 미국에 선전포고 했다.

미국은 전쟁에 발을 들였고 엄청난 경제력으로 연합군의 대의를 지지했다. 진주만은 결코 미국의 군사 역량을 파괴할 만한 장소가 아니었다. 일본은 그저 위험하고 힘 있는 적을 자극했을 뿐이다.

적이 격분해 곧 단호한 반격을 개시할 것이다.

일본 제독 야마모토 이소로쿠, 1942년

과달카날

밀림은 식물이 자라 만든 단단한 장벽이다.
높이가 30미터에 이른다.
《라이프》에 실린 과달카날 작전에 대한 글, 1942~1943년

1942년 상반기에 일본군은 싱가포르, 뉴기니, 솔로몬제도, 버마를 침공하고 오스트레일리아 다윈처럼 외딴곳을 폭격하며 태평양 전역을 신속하게 장악했다. 그러나 1942년 6월 4일에서 7일 사이 거대한 미드웨이해전에서 패배한 뒤 흔들리기 시작했다. 그들은 너무 광범위하게 뻗어 있었고 그들의 적수인 미국, 영국, 소련, 중국이 합세한 연합군은 전열을 가다듬었다.

8월에 미국 해병대가 선두에 선 연합군이 솔로몬제도 과달카날을 공격하면서 반격이 시작되었다. 연합군의 주요 목표는 훗날 핸더슨 비행장으로 알려진 장소에 전략적인 공군기지를 건설해 일본을 저지하는 것이었다. 8월 6일과 7일에 과달카날과 인근 플로리다제도에서 감행된 야간 상륙작전은 일본을 놀라게 했다. 그러나 신속한 승리는 없었다. 오히려 육상, 해상, 공중에서 격렬한 전투가 있었고 대부분은 밀림 깊숙한 곳에서 전개되었다. 1943년 2월에 일본군이 철수할 때까지 전투가 지속되었다.

1942년 12월 해병대로부터 이 지역을 인계한 미국 보병대가 강에서 수영하는 모습을 담은 이 사진은 1936년에 창간된 미국 시사 화보 주간지 《라이프》에서 과달카날에 파견한 팀이 촬영한 것이다. 25세 랠프 모스도 이 팀의 일원이었다. 습기 많은 밀림 환경 때문에 모스와 동료들은 전쟁 지역으로 가는 길에 들른 군사기지에서 콘돔을 구입해 그 속에 필름과 캡션 원고를 보관했다.

가미카제

남양(南洋)에서 적선을 찾아 곧장 돌진한다.

가미카제 조종사 후지타 분로쿠 하사가 공격 전날 밤에 쓴 하이쿠, 1945년 5월 25일

과달카날 작전은 태평양에서 일본군과 연합군의 운명이 완전히 뒤바뀌는 출발점이었다. 1943년 11월 카이로에서 열린 정상회담에서 미국 대통령 루스벨트, 영국 총리 윈스턴 처칠, 중국 총통 장제스는 공동성명을 발표하고 "일본의 무조건 항복을 얻는 데 필요한 진지하고 장기적인 작전들을 이어가겠다"는 의지를 천명했다.

1944년 10월, 필리핀 앞바다 레이테만전투(연합군이 승리한 대규모 전투로 역사상 가장 큰 해전으로 알려졌다)에서 일본의 치명적인 새 전술이 처음 사용되었다. 바로 '가미카제(神風)' 공격이다. 단어를 그대로 번역하면 '신이 일으키는 바람'으로 자살 공격을 일컫는 이름치고는 꽤나 시적이다. 일본 조종사들은 폭탄을 적재한 전투기를 몰아 적선으로 날아갔다. 광신적인 인간이 조종하지 않는 미사일 공격에 비해 자살 공격은 훨씬 더 파괴적이었고, 가미카제 전술이 운용된 짧은 기간 거의 4000명에 가까운 가미카제 조종사들이 목숨을 잃었다.

이 비행기의 꼬리에 적힌 구호는 섬뜩한 경고문이다. "야마모토를 위해 격침해야 한다." 이는 충성심을 보여줄 뿐 아니라 복수를 다짐하는 문구다. 그리고 1943년 4월 18일 일본 해군 제독 야마모토는 뉴기니 동쪽 부건빌섬 상공을 비행하던 중 미국 전투기 조종사들에게 요격되어 전사했다.

디데이

1943년 말, 전세는 연합군에게 결정적으로 유리하게 바뀌었다. 연합군 수뇌부는 그해 11월과 12월에 새로 점령한 이란의 수도 테헤란에서 또 다른 협상을 벌였고 프랑스에서 교전을 재개할 때가 되었다는 데 동의했다.

1944년 6월 6일 아침, 수송선과 전함으로 구성된 대규모 함대가 유타, 오마하, 골드, 주노, 소드라는 암호명을 붙인 바스노르망디 해변 다섯 구역에 접근했다. 집중적인 공중폭격으로 엄호를 받으며 13만 2000명이 상륙정에서 쏟아져 나와 해변으로 올라가기 위해 사투를 벌였다. 거센 반격에 직면하기는 했지만, 그들은 노르웨이나 파드칼레를 침공할 것처럼 허위 정보를 흘리고 거짓 예행연습을 벌이는 등의 정교한 작전으로 히틀러가 엉뚱한 곳에 병력을 증강하게 만들었다.

미국 해군이 촬영한 이 사진은 디데이에 유타해변으로 수송되는 미국 제4보병사단과 제101공수사단 예하 제327글라이더보병연대 대원들을 보여준다. 글라이더보병연대 대원들은 가볍고 엔진이 없는 일회용 항공기를 타고 적의 방어선 안으로 침투하도록 훈련받았다. 그러나 디데이를 준비하는 동안 견인용 비행기의 부족으로 대원들은 해상에 배치되었다.

6월 6일 디데이 상륙작전에 참여한 병력의 10퍼센트 가까운 병사들이 당일 전투에서 죽거나 부상했다. 그러나 연합군은 해안을 장악하고 교두보를 확보하고 북서부 유럽을 재정복하기 위한 장을 마련하겠다는 전략적 목적을 달성했다.

전세가 바뀌었다!
전 세계의 자유인들이 승리를 위해 다 같이 행진하고 있다!

드와이트 D. 아이젠하워 장군, 1944년 6월 6일

해방

1945년 봄, 부헨발트의 수용자들은 몰래 만든 단파 라디오로 모스부호 메시지를 전송했다. "패튼 장군의 군대에게. 여기는 부헨발트 강제수용소. SOS. 우리는 도움이 필요하다. 그들이 우리를 철수시키려 한다. 나치 친위대가 우리를 제거하려 한다."

1937년 이후 부헨발트는 살인적인 나치 이데올로기 정책 아래 죽을 사람으로 선별된 수용자 25만 명을 받아들였다. 수용자들 가운데에는 유대인, 소련 전쟁 포로, 동성애자, 여호와의증인, 슬라브인, 폴란드인, 장애인, 정신장애인이 포함되었다. 5만 명 이상이 교수형, 총살, 굶주림, 강제노동, 무자비한 의학 실험으로 죽었다. 나치 국가가 무너지자 나치 친위대가 수용자들을 강제로 '죽음의 행진'으로 몰아 독일 내륙으로 이동시켰다. 부분적으로는 그들의 흔적을 감추기 위해서였고 부분적으로는 강제노동에 동원하기 위해서였다.

이 사진은 미군 병사들이 1945년 4월 11일에 부헨발트 강제수용소를 해방했을 때 느꼈을 공포를 거의 보여주지 않는다. 실제로는 수천 명이 해골처럼 마르고 영양결핍과 질병에 노출된 채 좁은 침대에 빼곡했다(이곳에서 촬영된 사람들 중에 16세 엘리 위젤도 있었다). 시신들이 장작더미처럼 쌓여 있었다. 역겨움과 분노를 느낀 해방군은 인근 마을 바이마르 주민들을 데려와 수용소를 둘러보게 했다. 그들 앞에 놓인 부정할 수 없는 광경과 악취와 악에 압도된 많은 사람들이 기절했다. 유대인 600만 명을 포함해서 1500만 명에서 2000만 명이 홀로코스트나 쇼아(히브리어로 '재앙')로 불리는 나치의 이데올로기적 학살에 희생되었다.

거울 밑바닥에서 시체가 나를 응시하고 있었다.

엘리 위젤, 『나이트』, 1956년

무솔리니의 죽음

북아프리카에서 승리를 거둔 연합군은 1943년 여름 동안 시칠리아를 침공했고 이탈리아반도를 따라 로마로 진격했다. 그리고 디데이를 이틀 앞둔 1944년 6월 4일 로마를 점령했다. 1922년부터 집권했던 이탈리아 파시스트 독재자 베니토 무솔리니(자칭 수령)는 시칠리아가 함락된 후 지위를 박탈당하고 수감되었다.

1943년 말에 아펜니노산맥의 스키 리조트에 감금되어 있던 그는 나치 낙하산병의 기습으로 탈출했지만 이제 연합군 편에 서서 싸우는 이탈리아 전체를 다시 장악하는 것은 불가능한 일이었다. 그 대신 히틀러의 지령에 따라 이탈리아 북부에 만들어진 괴뢰 국가 이탈리아사회공화국의 지도자에 앉았다.

1945년 나치의 전시체제가 붕괴하면서 독일은 더 이상 무솔리니를 지지할 처지가 아니었다. 그해 4월 말 파시즘에 반기를 든 저항 단체들은 악행을 저지른 극우 지도자들을 처단하라는 지령을 내렸다. 그들에게 쫓긴 무솔리니는 밀라노에 있는 본거지로 피신했다. 4월 27일 무솔리니와 정부 클라라 페타치는 코모호수 부근 도로에서 파르티잔들에게 붙잡혔다. 다음 날 오후 두 사람은 즉석에서 총살당했고 밀라노로 옮겨져 군중에게 의식적인 모욕을 당했다. 군중은 그들의 시신을 발로 차고 때린 다음 갈고리에 걸어 어느 주유소 밖에 매달아놓았다.

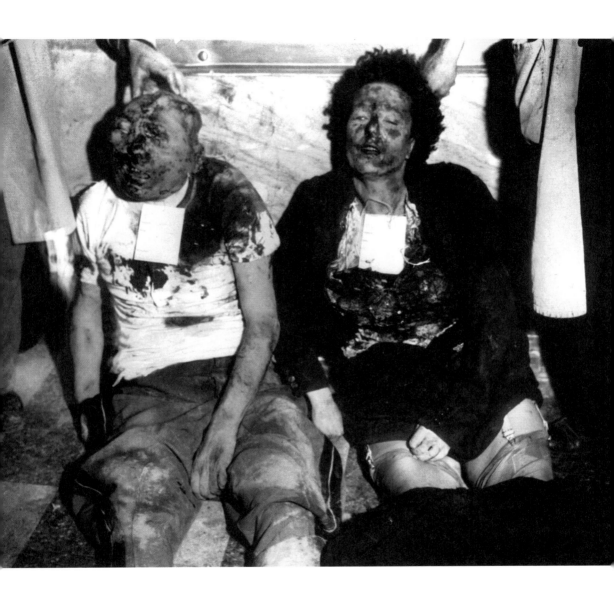

파시스트 이탈리아를 전쟁으로 끌어들였던 무솔리니의 뇌수가
밀라노 한복판의 흙더미 위로 흘러내렸다.

《뉴욕 데일리 뉴스》, 1945년 4월 30일

포츠담

무솔리니가 죽고 이틀 뒤에 아돌프 히틀러와 아내 에바 브라운이 베를린에서 자살했다. 5월 2일에 베를린은 스탈린의 붉은 군대에 항복했다. 5월 7일과 8일(유럽 전승 기념일)에는 히틀러의 후임자인 해군총장 카를 되니츠의 승인을 받아 알프레트 요들 장군과 야전 사령관 빌헬름 카이텔이 무조건 항복 문서에 서명했다. 유럽에서 전쟁이 끝났다.

1945년 7월 17일에 베를린 외곽 포츠담의 체칠리엔호프궁전에서 연합군 수뇌부 회담이 열렸다. 소련, 미국, 영국의 지도자들, 이른바 '빅3'가 참석한 세 번째 전시 정상회담이었다. 포츠담에 처음 모인 지도자들의 모습이 이 사진에 담겨 있다. 노동당 당수 클레멘트 애틀리를 동반한 처칠, 미국의 신임 대통령 해리 S. 트루먼(1945년 4월에 전임 루스벨트 대통령이 사망했다), 이오시프 스탈린이 보인다.

이후 포츠담선언에서 논의된 주요 의제는 유럽 재건, 나치 독일 해체와 분할, 생존한 나치 지도자 재판, 일본과의 종전이었다. 영국, 미국, 중국은 일본의 무조건 항복을 요구하는 선언서를 채택했고, 항복하지 않는다면 '철저한 파괴'에 직면할 것이라고 일본을 압박했다. 이와 관련해 트루먼은 강력한 신무기를 비롯해 태평양에서 전쟁을 끝내려는 미국의 계획을 에둘러 이야기했다. 당시 트루먼 대통령은 신무기의 특성을 밝히지 않았지만, 8월 2일에 협상이 끝나고 며칠 뒤 무기의 정체가 선명하게 드러났다.

우리는 세계 역사상 가장 끔찍한 폭탄을 발견했다.
포츠담회담에서 작성된 트루먼 대통령의 개인 메모

히로시마 원자폭탄

전쟁 중 맨해튼 프로젝트로 알려진 프로그램에 참여해 뉴멕시코의 비밀 시설에서 연구하던 미국 과학자들이 원자폭탄 두 가지를 개발했다. 트루먼 대통령은 적에게 이 무기를 시험해보고 싶어 했다. 그리고 전쟁 막바지에 일본이 항복하지 않자 그에게 기회가 왔다.

1945년 봄에 도쿄를 포함한 일본의 도시 10여 곳이 연합군의 폭격으로 이미 폐허가 되었다. 8월 6일에 '에놀라게이'라는 B-29 슈퍼포트리스 폭격기가 히로시마에 급이 전혀 다른 원자폭탄을 투하했다. 아침 출근 시간에 '리틀 보이'라는 암호명을 가진 4000킬로그램급 우라늄폭탄이 폭발해 도시 12제곱킬로미터를 날려버렸고 첫 폭발 순간부터 그해 말까지 12만 명의 목숨을 앗아갔다. 《라이프》지의 버나드 호프먼이 1945년 9월에 촬영한 이 사진은 한때 분주한 도시였지만 이제 아무것도 남지 않은 히로시마를 보여준다.

일본은 그래도 항복하지 않았다. 트루먼은 두 번째 폭탄 투하를 명령했다. 8월 9일에 '복스카'라는 또 다른 B-29 폭격기가 '팻맨'이라는 암호명을 가진 플루토늄폭탄을 나가사키에 투하했고 4만 명이 사망했다. 핵무기 추가 공격이 예상되는 데다가 재래식 무기로 무장하고 접근해오는 소련의 위협이 더해지자 마침내 천황이 항복했다. 8월 15일에 천황 히로히토가 생애 처음 라디오로 국민에게 연설했다. "우리가 싸움을 계속한다면, 그 결과는 비단 일본의 궁극적 붕괴와 소멸에 그치지 않을 것이며 인류 문명 전체가 소멸할 것이다."

우리는 오늘 히로시마를 보았다. 아니 그 잔해를 보았다.
너무 충격적이어서 우리 대부분은 울음이 날 것 같았다.

《라이프》지 편집자에게 보낸 버나드 호프먼의 메모, 1945년 9월

대일 전승 기념일

오늘은 진주만 이후 우리가 기다려온 날이다.
파시즘이 마침내 사망한 날이다.
물론 언젠가 이렇게 될 줄 알고 있었다.

일본 항복 후 트루먼 대통령

1945년 8월 14일 이른 저녁, 사진가 앨프리드 아이젠스타트는 맨해튼 거리에서 축제를 벌이는 사람들 사이를 걷고 있었다. 방금 지구 반대편에서 일본의 항복 소식이 뉴욕에 전해졌고 도시는 흥분의 도가니였다. 아이젠스타트는 타임스스퀘어에서 거리를 내달리며 '눈에 보이는 여성은 누구든 품에 안는' 한 수병을 보았다. 수병 앞으로 달려간 아이젠스타트는 흰옷을 입은 간호사를 품에 안은 그를 보았다. 아이젠스타트는 어깨에 걸고 있던 카메라를 내려 셔터를 4번 눌렀다.

　일주일 뒤 4장 가운데 가장 나은 사진이 《라이프》지에 실렸다. 사진 밑에는 이렇게 적혀 있었다. "뉴욕 타임스스퀘어에서 흰옷 차림 여성이 손지갑과 스커트를 잡고 있을 때 거침없는 수병이 여성의 입술에 곧장 입을 맞추었다." 이 사진은 미국 역사에서 가장 인기 있고 상징적인 사진이 되었다. 입을 맞춘 사람들의 이름에 대해서는 일치된 적이 없었다.

　아이젠스타트의 사진은 대일 전승 기념일의 분위기를 완벽하게 포착했다. 《데일리 메일》기자 돈 이든은 이 기쁨에 넘치는 도시에 관한 기사를 런던에 전했다. "항구에 정박한 선박들이 뱃고동을 울렸고 군중들은 거리에서 춤을 추었으며…… 타임스스퀘어는 뉴욕 역사상 가장 많은 인파가 몰려들어 열광적이고 떠들썩한 시위 현장이 되었다…… 어떤 군인들은 가벼운 마음으로 공중에 권총을 발사하고 폭죽을 터뜨려 민간인들을 놀라게 했고 소리치는 젊은 여성들에게 입을 맞췄다."

인도 분할

세상이 모두 잠든 한밤중에 인도가 깨어나 자유를 얻게 될 것이다.
독립 전야에 자와할랄 네루, 1947년 8월 14일

영국은 제2차 세계대전에서 승리했지만 더는 제국을 유지할 수도 꾸려갈 수도 없었다. 이제 제국을 해체할 때가 되었다. 추축국을 물리치기 위해 식민지에 강요되었던 전시체제로 아시아 영토가 타격을 피할 수 없었기 때문이다.

수십 년 동안 독립운동을 계속해온 인도에서 제국의 해체가 시작되었다. 영국은 1942년에 인도 자치정부를 허락하겠다고 약속했다. 전쟁이 끝나자 더는 약속 이행을 미룰 수 없었다. 그런데 어떻게 극심한 종교적 분열을 극복하고 단일국가로 질서 있게 이행할지가 문제였다. 특히 힌두교, 무슬림, 시크교 공동체들 사이에 분열이 심각했다.

영국 총독 루이스 마운트배튼 경, 인도국민회의 의장 자와할랄 네루, 무슬림 지도자 무함마드 알리 진나가 합의한 해결책은 분할이었다. 1947년 8월 14일부터 15일 사이 인도 북서부 드넓은 지역(서파키스탄)과 그보다 작은 북동부 지역(동파키스탄)을 묶어 파키스탄 자치령(훗날 파키스탄이슬람공화국)으로 분리했다.

인도 분할의 의도는 선했지만 결과는 재앙이었다. 파괴적인 반란과 유혈 사태가 초래되었다. 계획은 급하게 진행되었고 (여기 촬영된 시크교도 가족을 포함해서) 이른바 레드클리프 라인 양편에서 갑자기 소수민족으로 추방되어 오도 가도 못하게 된 난민 1500만 명이 강간, 살인, '인종청소', 폭동, 도시와 마을의 완전 파괴를 피해 도망쳤다. 인도 분할은 내전을 피하려고 기획되었지만 결국 피비린내 나는 끔찍한 혼란을 초래했다.

Indian Partition

186

베를린 공수작전

독일 역시 전쟁 종결로 분단되었다. 동부전선과 서부전선에서 모두 패배한 후 독일제국은 4개 지역으로 분할되어 각각 소련, 미국, 영국, 나중에 프랑스까지 네 국가의 감시를 받았다.

소련이 관할하는 동부 지역에 깊숙이 자리한 수도 베를린은 영국 관할 지역으로부터 160킬로미터나 떨어져 있었다. 그러나 수도라는 위상 때문에 베를린 역시 승전국들에 의해 분할되었다. 서베를린은 연합국 점령 지역으로 사실상 소련 영토 안에 있는 섬이 되었다.

1948년에 이르면 서방 자유진영과 소련 사이의 긴장이 전 지구적인 정치적 적대 관계의 다음 단계, 즉 냉전의 토대가 될 것이 분명해졌다. 스탈린은 베를린에서 서방 연합군 세력을 몰아내고 가능한 한 독일의 많은 지역을 지배 아래 두기 위해 서베를린의 도로, 철도, 항공로를 거의 전면적으로 봉쇄하라고 명령했다.

이에 대응해 연합군 진영은 화물기로 서베를린에 생필품을 공수하기로 합의했다. 이 사진은 템펠호프 비행장에서 미국 C-47의 착륙을 지켜보는 베를린 시민들을 보여준다. 단기적인 해결책으로 계획되었던 공수작전은 1948년 6월 26일부터 이듬해 9월까지 계속되었다. 미국, 캐나다, 영국, 프랑스, 남아프리카연방, 오스트레일리아, 뉴질랜드 공군의 공수작전으로 생필품 수십만 톤이 고립된 도시에 보급되었다. 결국 소련이 물러섰다. 그러나 베를린의 운명은 결코 안정되지 않았고 냉전은 이제 시작에 불과했다.

발트해 스테틴부터
아드리아해 트리에스테까지
유럽 대륙 전체에 철의 장막이 드리웠다.

미주리주 풀턴에서 윈스턴 처칠의 연설, 1946년 3월 5일

아랍·이스라엘전쟁

유대인과 아랍인 사이에 증오가 하루하루 커지며 과열되고 있다.
《보스턴 포스트》에 실린 로버트 케네디의 팔레스타인 보도, 1948년 6월 5일

영국 위임통치령 팔레스타인은 제2차 세계대전 후 분할된 또 다른 땅이다. 1947년에 국제연맹의 후신 국제연합은 팔레스타인 분할 계획을 승인했다. 유대인 국가와 아랍 국가를 분리하고 예루살렘과 베들레헴을 포함한 주변 지역은 국제 감시 아래 둘 예정이었다.

많은 경우 그랬던 것처럼 이 분할의 결과는 불행과 폭력이었다. 1948년 5월 시온주의 지도자인 다비드 벤구리온이 이스라엘 독립을 선언하자, 이집트, 요르단, 시리아, 레바논, 이라크의 아랍 군대가 사우디아라비아와 예멘이 파병한 소규모 분대의 지원을 받으며 팔레스타인을 침공했다. 여기 찍힌 군인은 아랍군단, 곧 영국이 훈련하고 지휘한 요르단군 중 한 명이다.

아랍인들은 월등한 병력으로 전쟁을 시작했지만, 비밀리에 무장하고 체코슬로바키아의 지원을 받은 이스라엘은 신속히 군사력과 영토를 확장했다. 1949년에 휴전협정이 체결되었을 때 이스라엘은 두 민족이 분할하기로 예정했던 영토 거의 대부분을 장악했다. 예루살렘 동쪽을 포함한 요르단강 서안의 작은 부분인 서안지구와 가자 주변의 기다란 해안 영토인 가자지구만이 이집트와 요르단의 지배 아래 놓였다. 팔레스타인계 아랍인 수십만 명이 추방당했고 난민이 되었다.

이스라엘 사람들에게는 위대한 '독립전쟁'의 승리였다. 아랍인들은 패배와 뒤이은 탈출을 '나크바' 즉 재앙으로 묘사했다.

변화의 시대

발장단을 치는 사람이 있는가 하면 손가락을 까닥거리는 사람,
몸을 앞뒤로 흔드는 사람도 있다.
나는 그저 그 모든 것을 한꺼번에 했을 뿐이다.

엘비스 프레슬리의 인터뷰, 1956년

왕족 이 통치하던 시대는 오래전에 저물었고 세계는 새로운 종류의 왕을 갈망했다. 그리고 그 왕은 미국 로큰롤 스타 엘비스 에런 프레슬리가 되었다. 엘비스 프레슬리는 1935년 미시시피주 튜펄로에서 태어났다. 그는 상대적으로 짧게 활동했지만 어떤 연예인도 얻지 못한 전 세계적인 명성을 얻을 운명이었다.

엘비스는 가난하고 외롭고 신실한 어머니의 아들로 자랐고, 인종차별적인 미국 남부의 풍부하고 진한 가스펠, 블루스, 재즈, 솔뮤직, 컨트리뮤직을 즐겨 들으며 그 속에서 위안을 얻었다. 경범죄 이력이 있는 노동자 아버지는 1948년 가족을 데리고 테네시주 멤피스로 이주했고 그곳은 남은 생애 동안 엘비스의 본거지가 되었다. 그곳에서 엘비스는 피아노와 기타를 배웠고 음악 경연대회에 출전했으며 음반 발매를 꿈꾸기 시작했다.

1953년에 18살 엘비스는 멤피스에서 활동하던 프로듀서 샘 필립스의 감독 아래 데모 음반을 녹음하기 시작했다. 이듬해 여름, 필립스의 레이블인 선 레코즈는 지역 라디오 방송국에 엘비스의 노래 두 곡을 발표했고 그해 말 엘비스는 전국 순회공연을 했다. 그의 로커빌리(로큰롤과 컨트리뮤직을 혼합한 최초 아메리칸록) 사운드는 멤피스와 그 너머에서 즉각적인 인기를 얻기 시작했고 성적 매력을 발산하는 엘비스의 무대 위 페르소나가 특히 젊은 여성들에게 크게 어필했다. 공연 중 엘비스가 몸을 돌리는 동작에 팬들이 보이는 격렬한 반응을 보고 나이 지긋한 보수적 미국인들은 도덕적으로 크게 우려했다.

1955년 여름에 엘비스는 톰 파커 대령으로 더 잘 알려진 네덜란드 태생 연예기획자 안드레아스 코르넬리스 판 카위크와 매니지먼트 계약을 체결했다. 공격적이고 탐욕스러웠던 파커는 엘비스의 활동에서 가능한 한 모든 관심과 명성과 부를 짜내기로 결심했다. 두 사람은 각별한 동업 관계를 형성했고 1956년부터 〈하트브레이크 호텔〉, 〈하운드 독〉, 〈제일하우스 록〉 같은 고전이 된 곡들을 포함해 엄청난 히트 음반들을 끊임없이 쏟아냈다. 엘비스는 할리우드 영화 제작사와 여러 편 출연 계약을 체결했고 〈러브 미 텐더〉(1956) 같은 영화에 출연했다. 새롭게 인기를 얻은 대중 매체인 텔레비전에도 등장하면서 엘비스는 국제적 명성을 얻었다. 첫 음반을 내고 4년 뒤 엘비스는 세계에서 가장 유명하고 많은 논란을 일으킨 음악인이 되었다.

1958년에 그는 공연을 중단했다. 미국에서는 1940년에 법제화된 징병제가 1973년까지 유지되었기 때문에 엘비스에게는 군복무 의무가 있었다. 1958년 3월에 엘비스는 언론의 뜨거운 관심 속에 공식적으로 미군에 입대했고 서독 프리드베르크에 주둔한 미국 제3기갑사단 소속으로 복무했다. 2년 동안 그는 편하게 복무했다. 막사가 아닌 호텔에서 지내면서 수많은 젊은 여성들과 밤을 보냈고 그들 중에는 14살 프리실라 보리외도 있었다. 엘비스는 1967년에 그와 결혼했다.

이 사진은 엘비스의 군복무가 끝날 무렵에 촬영된 것이다. 그 시기에 엘비스는 중사로 진급했고 녹색 군복에 부착된 배지에서 알 수 있듯이, 권총과 카빈 소총을 포함해 다양한 병기를 다루면서 '특급 사수'와 '1급 사수' 등급을 획득했다. 엘비스는 1960년 3월 5일 군복무를 마치고 귀국했으며 다시 자유롭게 공연할 수 있게 되었다. 그는 계속해서 '로큰롤의 왕'으로 군림하며 살았다. 그러나 말년에 약물중독에 시달리는 등 건강이 좋지 않았고 1977년 8월 16일 멤피스에 자리한 궁전 같은 자택 그레이스랜드의 욕실 바닥에서 심장마비로 숨졌다.

엘비스가 가수로서 최고 전성기에 독일에서 군복무를 했다는 사실은 1950년대의 몇 가지 중요한 경향들을 말해준다. 전쟁 전 세대의 경건함에는 관심이 거의 없던 젊은 세대에게 그는 스크린의 우상이자 엉덩이를 흔드는 섹스 심벌이었다. 그는 또한 당시 세계를 사로잡고 있던 신구 세대 갈등을 확실하게 보여주는 표상이었다. 점령된 독일에서 그는 미국과 소련이라는 두 초강대국의 소모적 경쟁이었던 냉전의 최전선에서 살았다.

한국전쟁과 라틴아메리카와 카리브해의 분쟁에서 증명되었듯이, 1950년대에 냉전은 완전히 차가운 전쟁은 아니었다. 수천 명의 목숨을 앗아간 쿠데타와 대리전은 핵실험과 인간을 우주로 보내려는 경쟁과 함께 진행되었다. 이 모든 일은 양 진영 모두에서 마녀사냥과 숙청을 배경으로 전개되었다.

한편 '옛' 제국들이 고통스러운 방식으로 해체되는 과정에서 세계 각 대륙은 혼란스러운 재편과 무자비한 충돌에 휘말렸다. 그러나 이와 나란히 새로운 기술과 소비주의의 호황이 나타났다. 텔레비전, 라디오, 신문이 번창하면서 매릴린 먼로와 엘비스 프레슬리 같은 이들을 스타로 만들었다. 그들은 수십 년 동안 어둠 속에 갇혀 있던 세계에 색을 되찾아주었다.

1951

4월 파리조약으로 유럽경제
공동체(EEC)와 유럽연합(EU)
의 전신인 유럽석탄철강공동
체(ECSC)가 발족했다.

5월 티베트 대표단이 티베
트에 대한 중국의 주권을 인
정하는 '17조 협의서'에 조인
했다.

10월 6년간 노동당에 내주
었던 영국 총리 자리에 윈스턴
처칠이 복귀했다.

1953

1월 북해의 만조로 영국과
네덜란드에 대규모 홍수 피해
가 발생했다.

3월 이오시프 스탈린이 폭
음 뒤 사망하고 1956년 니키
타 흐루쇼프가 소련 서기장에
올랐다.

8월 엘비스 프레슬리가 테
네시주 멤피스의 선 레코즈 스
튜디오에서 첫 곡을 녹음했다.

1950

1월 트루먼 대통령이 수소
폭탄 실험을 지시했고 냉전의
핵무기 경쟁이 심화되었다.

6월 북한이 남한을 침공해 한
국전쟁이 시작되었다. 1953년
휴전협정으로 한반도가 분단
될 때까지 교전이 계속되었다.

1952

2월 영국 국왕 조지 6세가
사망하고 엘리자베스 2세가
영국 여왕과 영연방 수장에 즉
위했다.

10월 영국의 식민 통치에 반
대하는 마우마우 봉기에 대응
해 케냐에서 계엄령이 선포되
었다.

1954

4월 제네바회담에서 프랑
스령 인도차이나의 분할이
결정되었고 북위 17도선을
기준으로 베트남이 두 나라로
분할되었다.

6월 미국 CIA의 후원과 원
조로 과테말라에서 군사 쿠
데타가 일어나 하코보 아르
벤스구스만 대통령이 퇴진하
고 군사정권이 수립되었다.

11월 알제리민족해방전선
이 프랑스 통치에서 벗어나
독립을 확보하기 위한 투쟁
을 선언했다.

1955

5월 바르샤바조약이 소련과 공산주의 위성국가들 사이에 서 군사 방위를 일원화한다고 선언했다.

9월 군사 쿠데타로 아르헨티나 대통령 후안 페론이 퇴진했다.

12월 아프리카계 미국인 로사 파크스가 자신의 좌석을 백인 승객에게 내주기를 거부한 후 몽고메리 버스 승차 거부 운동이 시작되었다.

1957

3월 로마조약으로 회원국 간 경제통합을 촉진하기 위한 유럽경제공동체가 성립되었다.

10월 프랑수아 '파파 독' 뒤발리에가 아이티 대통령에 당선되었다.

10월 소련의 첫 인공위성 스푸트니크 1호가 발사에 성공했다.

1959

1월 쿠바 대통령 풀헨시오가 쿠바를 탈출했고 혁명가 피델 카스트로와 체 게바라가 쿠바를 장악했다.

1월 레지스탕스 출신 샤를 드골이 프랑스 제5대 대통령에 취임했다.

3월 티베트 봉기가 시작되었고 제14대 달라이라마가 망명길에 올랐다.

1956

6월 극작가 아서 밀러가 공산주의자들과 연결된 혐의로 반미행위조사위원회에 소환되었다.

7월 이집트 대통령 나세르가 수에즈운하를 국유화하며 수에즈 위기가 초래되었다.

11월 소련이 공산당 지배에 반대하는 헝가리 봉기를 탱크를 투입해 진압했다.

12월 남아프리카에서 넬슨 만델라와 아파르트헤이트 반대 운동가 수십 명이 반란 혐의로 기소되었다.

1958

1월 마오쩌둥이 대약진운동을 공표했다. 이 중국 경제개혁 프로그램은 4500만 명을 죽음으로 내몬 기근의 원인이 되었다.

3월 엘비스 프레슬리가 미군에 입대해 서독에 있는 미국 점령 지역인 프라이부르크로 파견되었다.

티베트를 위한 투쟁

티베트 사람들은 여정이 힘겨울수록 더 깊이 정화된다고 믿는다.

하인리히 하러, 『티베트에서 7년』, 1952년

티베트가 중국의 지배에서 독립할 수 있을지 없을지는 현대사의 가장 민감한 쟁점 가운데 하나다. 1911년부터 1912년 사이 신해혁명으로 청 왕조가 전복된 뒤에 티베트는 법으로 인정되지는 않았어도 사실상 독립 정부로 운영되었다. 그러나 제2차 세계대전이 끝나고 중국은 공산주의 혁명으로 빠져들었고 1949년 중국 인민해방군이 동티베트에 진입했다. 1951년 티베트 정부는 베이징으로 가서 티베트가 중국 일부라고 인정하는 조약에 결국 조인해야만 했다.

영국 사진가 버트 하디가 티베트와 서벵골 칼림퐁을 잇는 길 위에서 아이를 데리고 있는 어느 티베트인 어머니를 찍은 이 사진은 영국 시사 화보 주간지 《픽처 포스트》에 수록되었다.

1956년 이후 계속된 분쟁과 1959년 수도 라싸에서 일어난 민중 봉기로 위기가 최고조에 이르면서, 티베트에서는 1950년대 나머지 기간 내내 피난길에 오른 여성과 아이들의 모습이 일상적인 풍경이 되었다. 제14대 달라이라마로 알려진 티베트의 젊은 영적 지도자이자 국가수반은 납치를 피해 히말라야를 넘어 인도로 피신했고 현재까지 망명 생활을 이어오고 있다. 1989년에는 티베트 문제의 평화로운 해결을 중재한 노력으로 그에게 노벨평화상이 수여되었다.

흐루쇼프, 마오쩌둥, 호찌민

1950년대에 냉전이 고조되면서 공산 진영의 가장 강력한 두 사람, 니키타 흐루쇼프와 마오쩌둥이 1959년 베이징에서 북베트남 주석 호찌민과 회동했다. 호찌민의 나라 베트남에서는 1955년에 공산 정권이 지배하는 북베트남과 미국의 지원을 받는 남베트남 사이에 고통스러운 이데올로기 대리전이 촉발되어 이후 20년간 계속되었다.

1953년 3월 5일 이오시프 스탈린이 폭음으로 인한 심각한 뇌졸중으로 사망하면서 흐루쇼프가 소련 지도자로 부상하기 시작했다. 스탈린 사후 곧바로 뒤를 이은 사람은 게오르기 말렌코프였지만 정치적 난타전 끝에 제거되었고, 1956년에 흐루쇼프가 서기장에 올라 '탈스탈린화' 정책을 추진하기 시작했다.

마오쩌둥은 1945년부터 1949년까지 이어진 중국 국공내전에서 승리하며 중국공산당을 집권당으로 확립했고 일찌감치 자신의 권력을 공고히 했다. 본토에서 밀려난 국민당은 타이완섬을 기반으로 잔류파들의 공화국을 통치했다. 이 사진이 촬영된 시기에 마오쩌둥은 '대약진운동'을 실시하기 시작했다. 이 운동은 중국의 산업과 농업을 현대화하려는 무자비하고 재난에 가까운 시도였으며 4500만 명을 죽음에 이르게 한 대기근을 야기했다.

겉보기에는 우호적인 모습이었지만 흐루쇼프와 마오쩌둥 사이에 곧잘 긴장이 고조되었다. 공산주의가 무엇이고 20세기에 공산주의가 어떻게 발전해야 하는지를 두고 두 사람이 서로 다른 시각을 드러냈기 때문이다.

계급은 투쟁하고, 어떤 계급은 승리하고, 다른 계급은 제거된다.
그것이 역사다.

마오쩌둥, 1949년

한국전쟁

우리가 아시아에서 공산주의와 전쟁해서 패한다면,
유럽의 운명도 심각한 위험에 처할 것이다.
더글러스 맥아더 장군의 연설, 1950년 8월 23일

중국 동쪽에서는 더 피비린내 나는 전쟁이 일어나고 있었다. 냉전 시대 최초 주요 대리전이 한국에서 발생했다.

일본의 한국 지배는 1895년 명성황후가 시해되고 나서 머지않은 1910년에 시작되어 제2차 세계대전에서 연합군이 승리하면서 끝났다. 북쪽은 소련, 남쪽은 미국에 의해 해방된 한국은 1948년에는 북위 38도선을 경계로 서로 다른 두 정부가 각각 통치했고, 각 정부는 경쟁 관계인 강대국들의 지원을 받았다.

1950년 6월 25일에 북한군이 남한을 침공해 연승을 거두며 한반도 남단으로 향했고, 10월에는 중공군이 대거 투입되어 병력이 강화되었다. 이 사진은 그 시기 촬영된 것으로 포항전투에서 북한군 부상병을 포로로 잡은 남한군 병사들의 모습을 보여준다.

북한군과 중공군은 결국 유엔군, 미군, 남한군으로 이루어진 연합군에게 다시 밀려났다. 1951년에 이르러 지리한 교착상태가 시작되었고 공습, 해상 포격, 제트기 교전, 보병전, 게릴라전으로 한반도는 폐허가 되었다. 한편 논란이 많은 인물인 더글러스 맥아더 사령관은 북한과 중국에 원자폭탄을 투하하기 위해 정치권을 들쑤셨다. 사망자 수는 끔찍했다. 군인 100만 명과 민간인 250만 명이 사망했다. 1953년에 판문점에서 휴전협정이 체결되었지만 북위 38도선 비무장지대는 그 후로도 세계에서 가장 긴 장감이 도는 국경선으로 남아 있다.

피델과 체 게바라

1950년대에 이 사진 속 두 남성, 피델 카스트로와 체 게바라가 쿠바의 독재자 풀헨시오 바티스타에게 저항하는 혁명을 이끌고 있을 때, 미국 해안선 300킬로미터 안으로 공산주의의 유령이 잠입했다.

1926년생인 변호사 출신 혁명가 카스트로는 미국의 지원을 받는 바티스타의 독재 경찰국가에 맞서기 위해 1952년에 동생 라울과 함께 준군사 조직을 창설했다. 형제는 1953년 7월 26일에 정부군 막사를 공격한 혐의로 투옥되었지만 1955년에 사면을 받아 석방되었고 반정부 투쟁을 이어 갔다.

같은 해 두 사람은 멕시코시티에서 아르헨티나 출신 의학도였던 게바라를 만났다. 게바라는 남미 국가들에 대한 미국의 간섭을 경험하면서 반자본주의 성향이 굳어진 인물이었다. 게바라는 카스트로 형제와 함께 쿠바로 떠났고 그들은 다 함께 산악지대를 근거지로 소규모지만 헌신적인 게릴라 군대를 조직했다. 그들은 전투에서 쿠바 정부군을 자주 제압했다. 1959년 1월 바티스타가 망명하고, 카스트로 형제와 게바라가 승리했다.

처음에 피델은 공산주의 혁명을 주도했다는 사실을 부인했지만 코치노스만(영어로는 피그스만)에서 미국의 후원을 받은 반혁명 세력의 침공이 실패한 뒤 1961년부터 소련과 동맹을 맺었다. 1962년에 거의 핵전쟁으로 번질 뻔했던 쿠바 미사일 위기의 중심에 소련이 있었다.

혁명에 집착한 게바라는 1965년 쿠바를 떠나 콩고에서, 그다음엔 볼리비아에서 반란을 조장했다. 그리고 볼리비아에서 체포되어 총살당했다. 그러나 피델은 2008년까지 쿠바를 이끌었다.

나는 해방가가 아니다. 해방가는 존재하지 않는다. 민중이 스스로 해방하는 것이다.

체 게바라, 1958년

과테말라 쿠데타

체 게바라가 정치교육에서 경고했던 중요한 부분이 과테말라에서 현실로 나타났다. 그는 1953년부터 1954년까지 과테말라에 머물렀다. 당시는 미국 중앙정보국(CIA)의 선동으로 쿠데타의 긴장이 팽팽하던 시기였다.

1951년 과테말라에서는 하코보 아르벤스구스만이 대통령에 당선되었다. 그는 산업이나 농업에 사용되지 않는 토지를 몰수해 가난한 농민들에게 재분배하는 개혁을 잇달아 단행했다. 미국은 이 일로 경악했다. 아메리카대륙에 곧바로 공산주의가 도래할 것이라는 두려움이 일었다. 한편 유나이티드프루트처럼 정치적 영향력을 행사하는 다국적기업들이 자산을 위협받고 토지 몰수로 타격을 입자, 미국의 개입을 유도하기 위해 적극적인 로비를 펼쳤다. 1954년 CIA에서 훈련받은 반란자들이 쿠데타를 일으켜 아르벤스구스만을 퇴진시키고 카를로스 카스티요 아르마스를 독재자로 앉혔다.

CIA는 고압적인 선전과 심리작전으로 쿠데타를 지원했다. 이 사진은 독재자 아르마스를 지지하는 전사 마리아 트리니다드 크루스가 무덤 앞에 무릎 꿇은 모습을 보여준다. 기사에 따르면 남편이 잠든 무덤이었다. AP통신은 그의 남편이 '적색분자(Reds)들과 싸우다가' 총살되었다고 보도했다.

과테말라 쿠데타는 이미 불안정했던 정치 상황을 더욱 악화시켰으며 1960년부터 1990년대까지 계속된 내전의 원인이 되었다. 이후 라틴아메리카 전역에서 반미 정서가 커졌다. 미국은 일찍이 20세기 초에 베네수엘라, 니카라과, 파나마, 멕시코, 아이티에 개입했다. 과테말라는 환영받지 못하는 미국 제국주의의 또 다른 사례로 보였다.

우리의 유일한 죄는 우리 자신의 법을 선포하고
그 법을 예외 없이 모두에게 적용한 것이다.

라디오 방송에서 하코보 아르벤스구스만, 1954년 6월 19일

뒤발리에 부부

뒤발리에를 위협할 수 있는 총알과 기관총은 존재하지 않습니다.
어떤 총알과 총도 나를 건드릴 수 없습니다.

프랑수아 '파파 독' 뒤발리에의 연설, 1963년 4월 30일

아내 시몬 뒤발리에와 함께 이 사진에 등장하는 프랑수아 뒤발리에는 1907년에 태어나 1915년부터 1934년까지 미국이 아이티를 점령한 시기에 성장기를 보냈다. 의사 수련을 받았지만 뒤발리에는 정치에서 명성을 얻었다. '파파 독'은 그의 환자들이 지어준 별명이었는데 이후 그의 이름으로 굳어졌다. 뒤발리에는 미국의 후원을 받아 세균성 열대 피부병 퇴치운동을 벌이면서 존재감을 드러냈고 1949년에 보건부 장관이 되었다. 폴 마글루아르의 군사 정권 기간에 정계를 떠나 있던 파파 독은 1957년에 대통령에 당선되었다.

뒤발리에는 의료윤리와 아이티 부두교의 초자연적인 종교적 믿음을 모두 공부했고 흑인의 인권이 오랫동안 짓밟혀온 국가에서 흑인 민족주의의 뛰어난 대변인이었다. 그러나 14년 동안 대통령으로 지내며 그와 시몬('마마 독')은 피에 굶주린 독재정치를 지휘했다. 그들은 '통통 마쿠트'라는 사병집단을 동원해 실제와 가상의 적을 모두 처단했다. 크리올 민담에 등장하는 아이를 잡아먹는 도깨비의 이름을 딴 이 집단은 잔혹한 비밀경찰의 테러 전술과 소름 끼치는 제의적 고문을 결합했다.

잔인할 뿐 아니라 괴팍했던 뒤발리에는 외국 무대에서 포즈 취하기를 즐겼다. 1963년 미국 대통령 존 F. 케네디가 암살되었을 때 그는 자신이 부두교로 케네디를 물리쳤다고 주장했다. 다음 해에 뒤발리에는 악랄하게 조작된 선거로 종신 대통령 지위를 확고히 했다. 1971년 그가 심장마비로 사망했을 때 '베베 독'으로 알려진 아들 장클로드 뒤발리에가 뒤를 이었다.

매릴린 먼로

1956년 6월 21일, 결혼을 8일 앞둔 배우 매릴린 먼로(본명은 노마 진 모텐슨)가 뉴욕 자택 앞에서 기자들과 대화를 나누었다.

먼로로서는 특별할 것 없는 일이었다. 〈7년 만의 외출〉 같은 대히트 영화, 도발적인 잡지 화보, 케네디 대통령의 45살 생일파티에서 고혹적으로 부른 축하 노래 등으로 짧지만 떠들썩한 이력을 쌓은 먼로는 미국 최고 배우 중 한 명이었기 때문이다. 심지어 그의 죽음마저도 충격적이었다. 1962년 8월 먼로는 36세에 침대에서 아무것도 걸치지 않은 채 엎드린 모습으로 발견되었고 사인은 수면제 과다 복용이었다.

그러나 기자들의 이번 질문은 정치적으로 충격을 안긴 사건과 관련이 있었다. 먼로의 약혼자는 극작가 아서 밀러였는데 그는 그날 미국 하원의 반미행위조사위원회(공산주의와 관련되었다고 의심되는 시민들을 조사하는 미국 의회위원회)에 출석해 증언하기로 예정되어 있었다.

반미행위조사위원회는 '내부의 적'을 근절하려는 광범위한 노력의 일환이었다. 상원의원 조지프 매카시의 이름을 따서 '매카시즘'이라는 별칭으로 불렸는데, 매카시는 미국 정부, 군대, 연예산업 전반에 전복 세력과 반역자들이 포진해 있다고 확신했던 선동가였다. 유죄가 확인된 사람들은 벌금형, 징역형, 여권 압수, 취업 금지 '블랙리스트' 등재 같은 처벌을 받을 수 있었다.

밀러는 증언을 거부해 벌금을 물었고 블랙리스트에 올랐다. 그런데도 먼로는 밀러와 결혼했고 두 사람은 1961년에 이혼했다.

내게 그녀는 현기증 나는 빛이었다.
어느 순간엔 거리의 부랑자처럼 거칠고,
어느 순간엔 서정적이고
시적인 감수성으로 고양되었다.

아서 밀러가 자서전에서 마릴린 먼로를 회고하며, 1987년

엘리자베스 2세

엘리자베스 2세는 1926년 매릴린 먼로와 같은 해에 태어났다. 1952년 2월 6일 아버지 조지 6세의 사망으로 영국과 영연방의 여왕이 된 그는 매릴린 먼로보다 훨씬 더 오랫동안 대중의 관심을 받을 운명이었다.

이 사진은 즉위 후 10개월가량 지난 12월 25일에 촬영된 것이다. 당시 여왕은 노퍽의 샌드링엄 영지에서 여왕으로서 첫 크리스마스 라디오 연설을 했다. 20년 전 할아버지 조지 5세 시절부터 시작된 전통이었다. 65년 뒤인 2017년에도 여왕은 여전히 크리스마스 연설을 했지만 이제는 텔레비전으로 방송되었다. 그리고 이제 여왕은 영국 역사에서 가장 오래 재위한 군주가 되었다.

엘리자베스 여왕이 통치하는 동안 영국과 과거 대영제국 식민지 사이의 유대는 점차 느슨해졌다. 잉글랜드, 스코틀랜드, 웨일스, 북아일랜드 사이에 부분적인 자치권 이양이 있었던 것은 물론이다. 2019년 기준, 윈스턴 처칠부터 테리사 메이까지 총리 13명이 여왕을 위해 일했다.

에든버러 공작 필립 공과 오랜 결혼 생활을 한 덕분에 왕실 가족의 규모가 커졌다. 때로 그 점은 분쟁과 추문의 원천이 되기도 했다. 특히 맏아들이자 후계자인 찰스 왕세자와 1997년 자동차 사고로 세상을 떠난 다이애나 스펜서의 탈 많은 결혼이 그랬다. 국가에 대한 여왕의 개인적 헌신, 그리고 세계적으로 왕족이 약화하고 있는 시대에 군주제의 인기가 여전히 지속되고 있다는 사실은 엘리자베스의 치세를 특징짓는 요소다.

신께서 내게 지혜와 용기를 주시도록
기도해주십시오.
내가 평생 신과 여러분에게
충실히 봉사하도록 기도해주십시오.

엘리자베스 2세의 라디오 연설, 1952년 12월 25일

수에즈 위기

세계 초강대국으로서 영국의 위상은 두 차례 세계대전에 의한 파괴로 시험대에 올랐다. 엘리자베스 2세의 재위 초기에 수에즈운하를 둘러싼 전쟁에서 그 민낯이 여실히 드러났다.

1956년 7월에 이집트의 민족주의자 대통령 가말 압델 나세르는 수에즈운하를 일방적으로 국유화했고 신생국 이스라엘이 10월 29일 시나이반도를 무력으로 침공했다. 수에즈운하를 사용하는 이스라엘의 선박 운송이 봉쇄되었기 때문이다. 분쟁은 급속히 비화되어 영국과 프랑스가 개입했고 나세르를 압박해 운하를 다시 개방하게 하려고 공습을 개시했다. 11월 5일에 영국과 프랑스의 낙하산병들이 부르사이드(영어로 포트사이드) 외곽에 상륙해 전투를 벌였다. 이 사진은 운하 속에 은닉된 적의 무기를 수색하는 영국 잠수 공작원을 보여준다.

그러나 이런 공격적인 개입은 엄청난 역풍을 맞았다. 모든 진영이 이스라엘, 영국, 프랑스에 국제적 압력을 가했다. 이집트를 지원하고 무기를 제공한 니키타 흐루쇼프는 핵무기로 서유럽을 타격하겠다고 위협했다. 소련의 헝가리 침공을 강력히 규탄하던 바로 그 시기에 영국과 프랑스의 이집트 침공을 참을 수 없었던 미국 대통령 드와이트 D. 아이젠하워는 영국의 재정에 심각한 손상을 입히겠다고 위협했다. 11월 21일에 유엔평화유지군이 이집트에 도착했고 이틀 후 영국과 프랑스가 굴욕 속에 철수했다. 영국 총리 앤서니 이든은 건강을 이유로 사임했다. 수에즈 위기는 옛 제국 세력들의 몰락이 어느 정도인지 보여준 상징적인 사건이었다.

나는 강대국들이 그처럼 형편없이
엉망진창으로 구는 것을 본 적이 없다.

드와이트 D. 아이젠하워, 1956년 10월

북해 홍수

1953년에는 형태가 다른 물이 대규모 인명 손실을 초래했다. 북해에서 거센 폭풍우가 일어 네덜란드, 벨기에, 영국에 홍수가 발생했다. 만조와 혹독한 날씨가 겹쳐 1월 31일부터 2월 1일까지 주말 동안 해수면 높이가 5.6미터까지 높아졌고 방파제를 넘은 물이 둑을 터뜨리고 토지 수천 헥타르와 가옥 수만 채를 파괴했다.

이탈리아 사진기자 마리오 데 비아시가 촬영한 이 사진은 네덜란드에서 죽은 가축들을 보여준다. 홍수로 가축 3만 마리가 죽은 것으로 추산되었다. 인명 피해 역시 끔찍했다. 북아일랜드 노스해협에서 침몰한 연락선 프린세스 빅토리아호 승객과 승무원 133명을 비롯해 2500명 넘게 목숨을 잃었다. 사망자 대부분은 국토의 70퍼센트가 해수면에서 겨우 1미터 미만 높이에 있는 네덜란드에서 나왔다. 1953년 이 홍수는 '북해 홍수'로 알려졌다.

재발을 막기 위해 북해 양쪽에서 중요한 공공사업이 진행되었다. 네덜란드는 '삼각주 계획'을 추진했는데 네덜란드 해안선의 수많은 강어귀로 물이 유입되는 것을 통제하도록 설계된 수문, 댐, 방벽을 연이어 건설하는 사업이었다. 영국에서는 결국 정부가 홍수에 대비해 런던을 보호할 템스 장벽을, 헐강과 험버강 합류 지점에는 두 번째 장벽을 건설하도록 지시했다.

그들은 수백 년 동안 바다와 사투를 벌여왔다.
그리고 가장 큰 역습을 당했다.

클레멘트 애틀리 의원, 북해 홍수 피해자들에 대하여, 1953년 2월 19일

헝가리 혁명

헝가리인들은 자유와 진실에 대한 그들의 헌신을
세계에 보여주기 위해 이미 충분한 피로 희생을 치렀다.
너지 임레 정부의 마지막 성명, 1956년 11월 4일

수에즈 위기로 동지중해와 서방의 동맹이 흔들리고 있던 바로 그때 헝가리는 공개적인 반란 속으로 빠져들고 있었다. 제2차 세계대전 종전 이후 헝가리는 모스크바의 통제를 받았고, 소련군과 두루 혐오받는 비밀경찰(AVH)이 순찰하는 억압적인 공산주의 체제로 작동하고 있었다.

1953년 스탈린 사후 헝가리에는 더 자유로운 미래에 대한 희망이 싹텄다. 1956년 10월에 진보적 지도자인 너지 임레가 총리로 집권했다. 공산주의 폭정에 대한 시민들의 불만과 공격이 그의 집권 배경이었다. 그러나 11월 1일 너지가 바르샤바조약으로 알려진 소련 주도의 상호방위체제를 탈퇴한다는 성명을 발표하자 흐루쇼프는 무자비한 조치를 취했다. 3일 뒤 대포와 폭격기의 엄호를 받으며 탱크 행렬이 부다페스트로 진입했다. 마리오 데 비아시가 촬영한 사진 속 청년 같은 사람들의 저항에도 불구하고 소련군은 시위를 분쇄하고 약 3000명을 살해했는데 상당수가 민간인이었다.

카다르 야노시가 새 국가수반이 되었고, 1958년 너지는 비밀리에 반역죄로 재판을 받고 유죄판결 후 처형당했다. 수만 명이 체포되어 구금되었으며 더 많은 이들이 정치적 망명지를 찾아 다른 나라로 떠났다. 혁명은 진압되었지만 이 사건은 '철의 장막' 너머 소련 진영에 있는 다른 나라들을 향해 준엄한 메시지를 보냈다. 자유는 선택의 문제가 아니었다.

새로운 동맹

유럽 제국들의 시대는 끝났다. 하지만 초국가적인 대규모 동맹으로 평화를 유지한다는 생각은 제2차 세계대전 이후 새로운 형태를 찾아냈다. 1945년에 국제분쟁을 조정하기 위해 창설된 유엔에 더해 1950년대에 중요한 경제 조약과 방위 조약들이 잇달아 체결되었다. 그 모든 조약은 결국 냉전 노선을 따라 나뉘었다.

1957년 11월 18일에 마누엘 리트란이 프랑스 시사주간지 《파리 매치》를 위해 촬영한 이 사진은 룩셈부르크 만찬장에서 연설하는 유럽석탄철강공동체(ECSC) 선임행정관 르네 마이어를 보여준다. 벨기에, 프랑스, 이탈리아, 룩셈부르크, 네덜란드, 서독이 창립 회원국으로 참여한 이 기구의 목적은 산업 생산량을 조율하고 군사 분쟁으로 비화할 수 있는 경제적 갈등을 줄이는 것이었다. 이 기구는 1957년 창설된 유럽경제공동체(EEC)와 1993년 창설된 유럽연합(EU)을 위한 밑그림이자 전신으로서 점점 더 긴밀해지는 경제적, 정치적 동맹 속에서 회원국들의 공동 자산 확대를 목표했다.

철의 장막 건너편에서는 소련이 이에 상응하는 동맹을 조직했다. 경제상호원조회의(COMECON)는 1949년부터 1991년 소련이 붕괴할 때까지 동유럽과 여러 다양한 공산국가들을 결속했다.

경제 우산에 해당하는 이들 기구 외에도 경쟁적인 군사동맹 두 개도 결성되었다. 미국이 주도하는 방위 조약체인 북대서양조약기구(NATO)가 1949년, 그에 상응해 소련이 주도하는 바르샤바조약기구(WTO)가 1955년에 창설되었다.

알제리전쟁

유럽의 통합은 한때 제국의 기반이었던 지역들에서 구세계 강대국들이 흔들리면서 그 너머 탈식민화의 물결과 동시에 나타났다. 가장 격렬한 투쟁 가운데 하나는 1954년부터 1962년까지 알제리에서 발생했다. 프랑스 군대와 알제리민족해방전선(FNL) 사이의 무자비한 전쟁이었다. 이 전쟁으로 프랑스 제4공화국이 붕괴하고 알제리가 해방되었으며 지중해 양쪽에서 장기적으로 지속될 수많은 문제가 발생했다.

프랑스는 1830년부터 1848년 사이 알제리를 점령한 후 줄곧 지배해왔다. 제2차 세계대전 중 알제리에 자치권을 돌려주겠다고 약속했지만 종전 후 지키지 않았다. 1954년 11월 1일에 알제리민족해방전선은 독립투쟁을 시작한다고 선언했다. 게릴라전이 시작되었다. 프랑스는 결국 50만 명을 파병했다.

프랑스 사회당 출신 총리 기 몰레, 전쟁 영웅이자 새로 들어선 프랑스 제5공화국 수반 영웅 샤를 드골을 포함해 모든 프랑스 지도자들에게 가장 심각한 과제 가운데 하나는 프랑스계 알제리 정착민들과 알제리 해방을 지지하는 사람들 사이의 이해관계에서 균형을 찾는 일이었다. 프랑수아 파제가 《파리 매치》를 위해 촬영한 이 사진은 1956년 2월 7일에 피에누아르(Pied-Noir, 검은 발)로 알려진 프랑스계 알제리 정착민들이 식민정책에 항의하기 위해 알제 거리를 점거한 폭동을 보여준다.

우익 준군사조직에 의한 암살 시도가 몇 차례 있었지만 드골은 알제리의 민족자결을 끈질기게 추진했다. 1962년 투표에서 압도적인 표로 알제리 독립이 승인되었으며 90만 명 가까운 프랑스계 정착민들이 알제리를 탈출했다.

꽃과 빛으로 뒤덮이는 비할 데 없는 봄이 있는
이 감탄스러운 나라에서 사람들이 고통받고 있다.

알제리 태생의 프랑스 철학자이자 소설가 알베르 카뮈, 1958년

마우마우 봉기

프랑스가 알제리에서 싸우는 동안 케냐에서는 영국 식민 통치에 대한 항쟁이 진행되었다. 전투적인 민족주의 동맹은 반란의 형태를 갖추었고 그 주축은 키쿠유족이었다.

1890년대 토지 강제수용으로 시작된 영국의 동아프리카 식민 통치는 착취적이고 가혹했다. 케냐의 비옥한 고지대는 분할되어 주로 백인 정착민들에게 양도되었다. 반면 아프리카인들은 토지를 빼앗기고 학대와 저임금 노동으로 내몰렸다.

1952년에 마우마우라는 비밀결사가 백인 농장들을 공격하기 시작했다. 그들은 백인 정착민들을 학살하고 자신들의 대의에 동조하지 않는 아프리카인들을 살해했다. 마우마우의 폭력은 놀랍도록 잔인했다. 영국의 군사적 대응은 신속하고 심각하고 곧잘 무자비했다. 이 사진은 1954년경에 랑가타 수용소에서 촬영된 것이다. 마우마우 선서를 한 것으로 의심되는 키쿠유족 수십만 명이 수용되었던 강제수용소 수백 곳 가운데 하나였다. 정치적 세뇌, 매질, 강간, 화형, 거세가 비일비재했다.

영국이 마우마우 봉기에 무자비하게 대응하면서 1956년 무렵 반란은 어느 정도 진압되었다. 그러나 많은 용의자들이 여러 해 동안 강제수용소에 수용되었다. 학자이자 활동가인 조모 케냐타도 반란을 조장했다는 혐의로 수감되었다. 1963년에서 1964년 사이 마침내 케냐는 해방되어 독립 공화국이 수립되었고 케냐타가 초대 대통령이 되었다. 2013년에 영국 정부는 생존한 마우마우 고문 피해자들에 대한 보상으로 수백만 파운드를 지불하기로 합의했다.

신께서 이곳이 우리 땅이라고 말씀하셨습니다.
우리가 한 민족으로서 번성해야 할 우리 땅이라고⋯⋯.

조모 케냐타의 연설, 1952년 7월

넬슨 만델라

나는 어떤 형태의 인종차별도 혐오한다.
나는 평생 인종차별과 싸웠고…… 죽는 날까지도 그럴 것이다.
넬슨 만델라의 법정 진술, 1962년

남아프리카공화국은 1910년 독립이 허용되었으나 1931년이 되어서야 캐나다, 오스트레일리아, 뉴질랜드에도 적용된 웨스트민스터 법령에 따라 영국 입법부의 감시체제에서 완전한 자유를 얻었다. 그러나 자유국가라고 말하기는 어려웠다. 1940년대 말부터 1950년대 초까지 아프리카너(남아프리카에 거주하는 네덜란드계 백인)들이 지배하는 국민당이 인종차별적인 법안들을 줄줄이 통과시키며 아파르트헤이트(말 그대로 '분리') 체제가 수립되었다. 이 체제 안에서 비백인의 권리는 심각하게 침해되었다. 공공장소는 인종에 따라 분리되었고 인종 간 성관계와 결혼이 금지되었으며 많은 인구를 강제로 이주시켜 거주지를 분리했다.

아파르트헤이트에 대한 투쟁은 길고 고되었다. 가장 유명한 영웅은 코사어를 쓰는 템부족의 명망 높은 가문 출신으로 변호사이자 활동가였던 넬슨 만델라였다. 만델라는 1940년대부터 반아파르트헤이트 아프리카 민족회의(ANC) 회원이었다.

1956년 12월에 만델라와 저명한 반아파르트헤이트 활동가 수십 명이 요하네스버그에서 반역죄로 체포되었다. 판결이 나기까지 4년 넘게 걸렸지만 1961년 3월에 만델라와 동료들은 모두 무죄 판결을 받았다.

그러나 만델라의 고난은 여기서 끝나지 않았다. 1962년에 다시 한번 체포되었고 이번에는 사보타주 혐의로 재판을 받고 종신 구금형을 선고받았다. 그는 로벤섬을 비롯한 여러 감옥에서 27년을 복역했고 1990년에야 석방되었다. 이후 4년에 걸쳐 아파르트헤이트 체제가 해체 절차에 들어갔고, 1994년에 실시된 다인종 선거에서 만델라가 남아프리카공화국 대통령에 선출되면서 완전히 사라졌다. 만델라는 1999년까지 재임했고 2013년에 사망했다. 그때 이미 그는 전 세계에서 상징적인 지위를 얻었다.

핵무기 경쟁

냉전에 내재한 위험은 양 진영 모두 인류를 멸망시킬 수 있는 핵무기를 보유했다는 사실이었다. 소련은 오늘날 카자흐스탄 지역인 세미팔라틴스크에서 첫 번째 핵실험에 성공했다. 핵무기 경쟁이 진행되며 영국, 프랑스, 중국이 가세했다.

이 사진은 '비키니의 헬렌'이라는 별명을 가진 수중 플루토늄 폭탄 폭발 모습을 보여준다. 1946년 7월 25일 마셜제도 비키니 산호섬에서 실시된 이른바 크로스로드 작전 중 '베이커' 단계 실험이었다. 1950년대 내내 서태평양의 외딴섬들은 미국이 핵실험 장소로 선호하는 곳이었다. 비키니섬 원주민들은 더할 수 없이 파괴적이고 방사능 오염을 일으키는 폭탄이 배치되면서 고향에서 영원히 내쫓겼다.

1950년대에 미국은 '캐슬 브라보' 폭탄(1954)을 비롯해 최초 수소폭탄 실험을 했다. 이 폭탄은 15메가톤이나 되는 상상을 초월하는 강력한 폭발력을 보였다. 제2차 세계대전 당시 히로시마 대부분을 날려버린 '리틀 보이'보다 거의 1000배나 강한 것이다. 그렇지만 이것도 소련이 1961년 북극권에서 실험한 50메가톤급 수소폭탄에는 못 미치는 것이었다. 소련의 수소폭탄 '차르 봄바'는 에베레스트산보다 7배나 높은 버섯구름을 일으켰고 수백 킬로미터 밖의 유리창들을 부숴버렸다.

1962년 쿠바 미사일 위기는 거의 핵전쟁으로 이어질 뻔했지만 미국 대통령 존 F. 케네디와 소련 서기장 니키타 흐루쇼프의 협상으로 간신히 위기를 모면했다.

우주 경쟁

냉전시대 초강대국들의 마지막 거대한 경쟁의 장은 바로 '우주'였다. 양쪽 모두 핵미사일을 운반할 수 있는 로켓을 개발하면서, 지구 대기권 밖으로 가는 유인 비행에도 같은 기술을 적용할 수 있다는 사실을 깨달았다.

소련 우주비행사를 담은 이 사진은 1959년 11월에 촬영된 것으로 미국 의회도서관에 보관되어 있다. 이 시기는 소련이 보스토크 프로그램의 일환으로 우주비행 훈련에 사람들을 모집하던 시기였다. 1961년 4월 12일 유리 가가린이 지구를 떠난 최초 우주인이 되어 1시간 48분간 궤도 비행에 성공했다. 이는 1957년 무인 인공위성 스푸트니크 1호의 성공적인 발사에 뒤이은 것이었다. 그리고 같은 해 스푸트니크 2호는 라이카라는 개를 태우고 발사되었다.

1959년 나사가 감독한 미국 최초 우주 프로그램의 명칭은 머큐리였다. 하지만 소련보다 뒤늦은 1962년에 훗날 상원의원이 된 우주비행사 존 글렌을 궤도에 진입시키는 데 그쳤다. 그러나 이 시점부터 상황이 역전되기 시작했다. 1969년 7월 20일에서 21일 사이 닐 암스트롱과 버즈 올드린이 아폴로 11호의 임무를 수행하며 최초로 달에 발을 디뎠을 때 미국은 가장 위대한 승리를 거뒀다.

1969년부터 아폴로의 임무가 끝난 1972년까지 총 12명이 달 위를 걸었다. 우주비행의 우선순위가 달라지고 유인 달 탐사 비용이 엄청났던 탓에 그 뒤로 누구도 다시는 달에 가지 못했다.

지구는 푸르다. 정말 멋지다.
경이롭다.
지구궤도를 돌던 유리 가가린의 말, 1961년 4월 12일

지은이 댄 존스 Dan Jones

역사가이자 방송인이며 언론인이다. 『템플 기사단』, 『마그나카르타』, 『플랜태저넷가』 등을 쓴 베스트셀러 작가이기도 하다. 넷플릭스에서 방영되는 〈영국의 성 속에 숨겨진 비밀〉을 비롯해 역사 프로그램을 집필하고 진행했다. 이 책에서는 마리나 아마랄이 복원한 생생한 사진에 역사적 서술을 더해 예술적 사진과 어우러진 완벽한 역사책을 완성했다.

X(트위터): @dgjones

지은이 마리나 아마랄 Marina Amaral

브라질 예술가로 역사 사진 채색 전문가다. 흑백사진에 어떻게 색을 입혀야 하는지 결정하기 위해 독학으로 폭넓게 역사를 연구했다. 이 책은 그의 예술적이고 역사적인 작업 결과다.

www.marinamaral.com

옮긴이 김지혜

서강대학교 대학원 사학과에서 박사과정을 마쳤다. 현재 서강대학교, 한국기술교육대학교에서 영화와 역사를 주제로 강의하고 있다. 『시인을 체포하라』, 『주변부의 여성들』, 『혁명 전야의 최면술사』, 『세상을 바꾼 100가지 문서』, 『각주의 역사』, 『로마는 왜 위대해졌는가』, 『면화의 제국』 등의 역사책들을 우리말로 옮겼다.

선명한 세계사 2: 전쟁과 혁명의 시대

펴낸날 초판 1쇄 2025년 4월 8일

지은이 댄 존스, 마리나 아마랄

옮긴이 김지혜

펴낸이 이주애, 홍영완

편집장 최혜리

편집3팀 이소연, 강민우, 안형욱

편집 김하영, 박효주, 한수정, 홍은비, 김혜원, 최서영, 송현근, 이은일, 김혜민

디자인 김주연, 기조숙, 박정원, 윤소정, 박소현

콘텐츠 양혜영, 이태은, 조유진

홍보마케팅 백지혜, 김태윤, 김준영, 박영채

해외기획 정미현, 정수림

경영지원 박소현

도움교정 권영민

펴낸곳 (주)윌북 **출판등록** 제2006-000017호

주소 10881 경기도 파주시 광인사길 217

홈페이지 willbookspub.com **전화** 031-955-3777 **팩스** 031-955-3778

블로그 blog.naver.com/willbooks

트위터 @onwillbooks **인스타그램** @willbooks_pub

ISBN 979-11-5581-803-9 (04900)

　　　　979-11-5581-800-8 (세트)